D1876679

hänssler

VON FRAUEN FÜR FRAUEN

Älter werden – jung bleiben

Mut für die dritte Lebensphase

herausgegeben von Gerdi Stoll

Gerdi Stoll, geboren 1947, ist Pfarrfrau und Mutter von drei Kindern. Sie war mehrere Jahre als Lehrerin tätig.
Aus ihrer jetzigen Arbeit in Seelsorge, Vorträgen und Begegnungen mit verschiedenen Menschen sind die Beiträge dieses Buches erwachsen.

Die Deutsche Bibliothek – CIP-Einheitsaufnahme

Älter werden – jung bleiben : Mut für die dritte Lebensphase/
hrsg. von Gerdi Stoll. – Neuhausen/Stuttgart : Hänssler, 1996
(Von Frauen für Frauen)
ISBN 3-7751-2455-1)
NE: Stoll, Gerdi [Hrsg.)

Von Frauen für Frauen
Bestell-Nr.: 392.455

Umschlaggestaltung: Stefanie Stegbauer
Titelbild: Beate Binder
Satz: AbSatz, Klein Nordende
Printed in Germany

Inhalt

Wir leben zu lange und zu
ausschließlich in der Gegenwart,
ohne an die Zukunft zu denken,
und die kürzeste Formel
für die Vorbereitung auf's Alter
lautet darum:
es rechtzeitig mit einzubeziehen,
dafür planen, um nicht eines Tages
vor jener Hilflosigkeit und Leere zu
stehen.

FRITZ RIEMANN

1.
Anstelle eines Vorworts

Du großer Gott,
Achtung und Ehrfurcht habe ich vor Dir;
wie wunderbar hast Du den Menschen geschaffen.
Du hast es sehr weise eingerichtet,
daß wir Stufe um Stufe ins Leben hineingeführt werden.
Das Alter soll die Krönung unserer Lebensstrecke sein.

Liebe enthältst Du keinem vor,
ganz gleich, ob jemand eine glatte Haut hat oder ob sie schon faltig geworden ist.
Auch ich möchte mich von Deiner Liebe anstecken lassen,
um sie an ältere Menschen weiterzugeben.
Ihr reicher Schatz an Erfahrungen bringt mich zum Staunen
und macht mir Mut, auch an meinem Leben nicht achtlos vorbeizugehen.

Treue zeigst Du uns allen von der Geburt bis zum Tod.
In guten und in schweren Zeiten
willst Du unser Wegbegleiter sein.
Deine Treue ist mir ein Vorbild,
wie wir füreinander einstehen sollen,
wenn Gesundheit, Kraft und Lebensmut vergehn.

Ehrfurcht vor Dir und dem Menschen,
den Du geschaffen hast, zeigt sich darin,
wie wir das Alter achten und ehren.
Laß mich die Früchte des Älterwerdens
immer wieder neu entdecken,
mit denen Du reife Menschen ausgestattet hast.

Rückblick auf unser Leben,
das steht uns allen einmal bevor.
Haben wir Dich als den Schöpfer unseres Lebens
bedacht?
Haben wir Dir in unserem Leben Antwort gegeben?
Gib uns den Mut, nie von Dir zu lassen,
denn sonst sind wir am Ende des Lebens völlig
verlassen.
Amen.

Gerdi Stoll

Alles hat seine Zeit,
für alles, was geschieht in der Welt,
in unserem Leben,
gibt es eine bestimmte Stunde.

Wir wurden nicht gefragt,
ob wir geboren werden wollten.
Es ist uns aufgegeben,
uns hineinzuleben in die Welt,
in unser Leben
und die uns eigene Bestimmung
immer wieder neu zu suchen,
zu geben, was wir können,
zu nehmen, was wir dürfen,
zu werden, der wir sind, –
um eines Tages,
wenn die letzte Stunde naht,
in der wir alle Lust und Last
des Lebens lassen,
im Rückblick auf erfüllte Jahre
als leisen Trost im wunden Herzen
zu verspüren:
Mein Leben
habe ich gelebt.

Christa Spilling-Nöker

2.
Älterwerden – meine Chance

Seit einem Jahr bin ich »Rentnerin«. Das Wort gefällt mir nicht. Es drückt aus, daß ich mir durch Arbeit einen Anspruch auf ein regelmäßiges Einkommen im Alter erworben habe. Dies trifft wohl zu, und ich bin auch dankbar, daß ich so versorgt bin. Aber eigentlich möchte ich mich anders definieren: Ich bin eine ältere Frau, die sich schon seit längerer Zeit mit der Frage beschäftigt, was es denn mit dem Altern auf sich hat.

Jeder Mensch altert unaufhörlich, das ist Naturgesetz. Doch macht sich das auch jeder Mensch bewußt? Da habe ich Zweifel. Es scheint mir, als hätten sehr viele Menschen nichts anderes zu tun, als gerade die Thematik des Alterns auf die Seite zu schieben, den Gedanken an das Alter nur nicht aufkommen zu lassen. Welche Ängste sind mit dieser Verdrängung verbunden? Ist es der Verfall der Schönheit, der Jugendlichkeit? Ist es die Sorge, den Einfluß, den man sich durch den Beruf oder in der Familie erworben hat, schwinden zu sehen? Ist es die Furcht vor Krankheit und Einsamkeit, ja, vor dem Sterben?

Es wird von all dem etwas sein, und dies mit gutem Grund. Auch ich habe meine Erfahrungen gemacht und manche Narben an der Seele. Ich will von mir erzählen: Nach dem Tod meines Mannes brauchte ich lange Zeit, um wieder an die »Oberfläche« zu kommen. Ich erinnere mich, wie ich zum ersten Mal wieder bewußt in den Spiegel schaute und fand, daß ich meine Frisur ändern müßte. Ich wollte nicht mehr so »wie früher« aussehen, wollte eine dem Alter angepaßte Silhouette. Das war ein wirklich schwerer Schritt, der viel Mut kostete. Ich lernte von da an, zu meinen Entscheidungen, die ich ja jetzt allein fällen mußte, zu stehen. Ich lernte auch, mir Rat einzuholen, zuzugeben, daß ich viele Dinge des täglichen Lebens einfach nicht verstand. Mit dieser Vorgehensweise habe ich gute Erfahrungen gemacht und mich allmählich in Dinge eingearbeitet, die mir früher ein Buch mit sieben Siegeln waren. Schließlich war es auch bequem gewesen, vieles auf den Ehemann abzuschieben und sich hinter seinem Rücken zu verstecken, wenn es brenzlig wurde. Das ging jetzt nicht mehr.

Eine weitere Herausforderung war, wirklich allein zu leben: Niemand bestimmt den Tageslauf, ich bin ganz allein dafür verantwortlich, wie ich meine Stunden und Tage verbringe, und da ist die Gefahr der Unordnung groß: spät zu Bett gehen, spät aufstehen, irgendwann essen, nach Lust und Laune einkaufen oder Leute besuchen. Ich habe bald gemerkt, daß ich das nicht will. Die Ordnung ist mir wichtig: den Wecker stellen, frühstücken, im Radio die Morgenandacht hören, später auch die Nachrichten, die eigene stille Zeit einplanen, dann die Dinge des Haushalts bedenken, aufräumen, und was sonst noch zu tun ist. Und wenn all diese Dinge geregelt sind, was dann? Wie teile ich meinen weiteren Tag ein, was ist mir wichtig? Welche sozialen Kontakte möchte ich pflegen, und zwar in zweifacher Hinsicht: Freunde treffen, mich austauschen, Gemeinsames unternehmen – und die andere Seite: schauen, wo es bei anderen Menschen zu helfen gilt, auch regelmäßige Pflichten in Nachbarschaft, Kirchengemeinde, Interessenkreis oder wo auch immer übernehmen. Das sind die Türen, die man nach außen öffnen kann, wenn man noch bei guter Gesundheit ist.

Wie ist es mit den Türen nach innen? Hier muß ich lernen, mich in den anderen hineinzuversetzen, durch seine »Brille« seine Welt zu verstehen. Wie geht es dem anderen, was braucht er gerade, verstehe ich ihn überhaupt und wenn ja, wie kann ich ihm das vermitteln? Es braucht viel Geduld und Einfühlungsvermögen, die Fähigkeit, von sich selbst abzusehen, um auf Zwischentöne des anderen zu hören. So etwas lernt sich erst im Verlauf von vielen Jahren. Ich habe lange dazu gebraucht, aber es hat sich gelohnt. Ich merke, wie ich als älterer Mensch gerade mit ganz jungen Menschen gut zurechtkomme, weil ich ihnen wohl vermitteln kann, daß ich sie verstehe. Ich hatte ja früher ähnliche Sorgen und habe durch Erfahrung gelernt, daß Situationen nicht aussichtslos sein müssen. Im Gegenteil: An vielen eigenen Beispielen kann ich zeigen, daß es immer noch einen Ausweg gibt, daß geduldiges Abwarten oft hilft, auch wenn man im Moment nur trauert und verzagt und am liebsten sterben möchte. Untermauert von meiner Lebenserfahrung kann ich so einem Ratsuchenden dann von meiner Beziehung zu Gott erzählen, von all den tiefen Tälern, die auch mir nicht erspart geblieben sind, und davon, daß Gott doch immer da war und mich an der Hand genommen hat, daß ich ganz fest auf seine Verheißung traue, daß er uns nicht verlassen wird.

Und wie ist es mit den eigenen Kindern? Da sind viele Dinge noch schwieriger, weil zu viel Nähe oft hindert. »Gut meinen ist nicht gut tun«, das gilt sicher besonders für die eigene Familie. »Ich erzähle den Kindern nichts, damit sie sich keine Sorgen machen, und sie handeln genauso«, sagen manche. Und doch spürt man dem Familienmitglied die Sorgen ab, weil man sich ja viel zu gut kennt! Ein Lernprozeß ist mir besonders in Erinnerung, wohl weil er besonders schmerzhaft war: Ich hatte lange Zeit den Eindruck des Verlassenseins, als würden sich gerade meine Kinder nicht genug um mich kümmern, nicht oft genug anrufen, nicht oft genug vorbeischauen. Doch fragte ich mich: Wie oft habe ich denn früher, als ich mit meiner Familie beschäftigt war, meine Mutter besucht, wie oft habe ich sie angerufen, und wie oft habe ich geschrieben? Mir ging es damals gut, ich fand die Welt so in Ordnung, wie sie war, ich hatte überhaupt kein schlechtes Gewissen! Diese Erkenntnis hat mir sehr weitergeholfen und mich ruhig gemacht. Ich bin dadurch frei geworden, habe mich von den vermeintlichen inneren Verpflichtungen gelöst und kann ganz unbefangen sowohl auf meine Kinder als auch auf meine Umwelt zugehen. Und wer losläßt, der wird spüren, daß da eine neue Freiheit entsteht.

Altern als Chance! Psalm 90 lehrt uns, das Alter zu ertragen. Die entsprechenden Erfahrungen muß jeder selbst sammeln. Sie sind meist nicht übertragbar, und doch ist es ein Trost zu wissen: Mein Nebenmensch hat auch sein Päckchen zu tragen, ich bin nicht allein. Wir sind Teil einer großen Gemeinde, die auf den Herrn schaut und auf sein Kommen wartet.

Und darauf freue ich mich.

Gisela Hauber

»Nein, das Alter ist kein Kerker,
sondern ein Balkon,
der einem einen weiten Blick gestattet,
der zwar Gitter hat,
aber einen weiten Blick eröffnet.«

LUISE KASCHNITZ

*Weise ist,
wer ja sagt zu seinem Alter
und die Chance entdeckt,
nicht mehr jung sein zu müssen,
sondern alt sein zu dürfen.*

Kurt Rommel

*Ja sagen zum Alter ist die ihm
einzig angemessene Haltung.
Das Ja bildet den Schlüssel
zu Würde und Größe beim
Älterwerden und Ältersein.*

Georg Moser

3.
Mosaiksteine meines Lebens

Aus eigener Erfahrung weiß man, daß der junge Mensch Zeit braucht, bis er ein ehrliches Ja zu seinem Dasein und zu seinem Sosein, zu seinen Möglichkeiten und zu seinen Grenzen – und zu seiner Abhängigkeit von Gott sagen kann. Eigentlich will uns alles, was wir erleben, ob Freud oder Leid, hin in die ewigen Arme Gottes treiben.

Diese Gedanken könnte ich auch über mein Leben schreiben.

Ich persönlich habe durch meinen Glauben an Jesus Christus die Erkenntnis gewonnen, daß mein Leben bis zur heutigen Stunde, mit seinen Höhen und Tiefen, nach einem deutlich erkennbaren Plan Gottes abgelaufen ist. Licht und Dunkel, Freude und Angst, Liebe und Leid gehören zum Leben! Der Mensch darf unter dem großen Bogen von Gottes Liebe, der alles zusammenhält und zum Ganzen verbindet, leben. Höhenwege und Tiefgänge, alles ist letztendlich durch die Weisheit Gottes in unseren Lebensweg hineingewoben. Er allein weiß, was wir nötig haben, um das für uns gesetzte Ziel, die Ewigkeit, zu erreichen. Er führt jeden anders, aber immer den besten Weg. – Dies ist meine tiefste Überzeugung. Wenn Gott für uns eine Realität ist, dann besitzen wir eine Geborgenheit im Leben und im Sterben. Und wenn uns klar geworden ist, daß wir nicht willkürlichen Vorgängen, d. h. einem blinden Schicksal preisgegeben sind und aus unserer Glaubensgewißheit ein großes Gottvertrauen erwachsen ist, dann können wir nachsprechen: »Es kann mir nichts geschehen, als was Gott hat ersehen und was mir dienlich ist.« –

Nach meiner eigenen 79jährigen Lebenserfahrung bin ich zu der Überzeugung gelangt: Ein mancher wäre glücklicher durchs Leben gegangen, wenn er zufriedener mit Gottes Wegen gewesen wäre.

Ein ganzes Leben lang sind wir herausgefordert, die Probleme und Wechselfälle des Lebens aus Gottes Hand zu nehmen und nicht Umstände oder Menschen verantwortlich zu machen. Mit dieser Einstellung ersparen wir uns manchen Ärger, Kummer, Haß und Trostlosigkeit. Wir sind von der Gewißheit getragen, daß Gott viele Möglichkeiten hat, aus dem Dunkel wieder Licht werden zu lassen. Um Gelassenheit, Zufriedenheit, Mut und Hoffnung dürfen wir stets bitten und uns ein bewußtes Gottvertrauen schenken lassen. Unser Gebet hat Macht bei Gott in den Zeiten der Not und der Engpässe. Manches in unserem Leben erfolgt als Konsequenz von Entscheidungen, die wir ohne Gott gefällt haben. Solche Konsequenzen läßt Gott uns oft auch aushalten. Er ist der liebende, aber auch der gerechte Gott. Und doch zieht Gott sein Ja zu uns nicht zurück. Er stellt uns nicht in die Ecke. Der Geist Gottes ist aller Finsternis überlegen! Das gilt auch für meine kleine, oftmals wirre Lebenswelt. Unter der Herrschaft des Heiligen Geistes darf ich selbst in großer Not und in tiefem Leid ein ruhiger, dankbarer und froher Mensch werden.

Wir waren eine fünfköpfige Familie. Mein Mann, zwei Töchter und ein Sohn. Vor sechs Jahren starb unser Schwiegersohn und vor eineinhalb Jahren mein Mann am dritten Herzinfarkt. Wir hielten an unserer Überzeugung fest: der Mensch stirbt durch den Willen Gottes und nicht an der Krankheit. Wir haben erfahren, wie Gott tröstet und aufrichtet und das im dankbaren Rückblick für die uns gemeinsam geschenkte Lebenszeit. Gerade in der Trauerarbeit ist es wichtig, nicht zu resignieren und sich nur um sich selbst zu drehen oder abzukapseln, sondern dennoch bei einer positiven Lebenseinstellung und beim Danken zu bleiben. Nach der Trauerzeit gilt es wieder die Hinwendung zum gewohnten Leben aufzunehmen, auf andere zuzugehen, sich auch um sein Umfeld zu kümmern, Besuche und Freude zu machen; wenn man nur seine Trauer pflegt, wird man einsam und erfährt auch selbst keine Zuwendung mehr. Trauer braucht seine Zeit, oft Jahre. Danach aber beginnt ein neuer Lebensabschnitt, den wir als Verwandelte betreten. Was wir nicht für möglich hielten: Aus dem Leid ist ein Segen geworden. Gewiß ist auch die in der Trauer durchlebte Einsamkeit von großem Wert. Wenn wir sie annehmen, entdecken wir ihren wertvollen Inhalt: Hilfen zur Reifung der Persönlichkeit, Wege zur Eigenständigkeit, Möglichkeiten zur Vertiefung und Selbstprüfung, Chancen zur Verwandlung, Freude an Ungebundenheit und mehr Zeit haben als früher. Eigene Leiderfahrung und durchlebte Einsamkeit öffnet uns die Tür zum Gespräch mit Leidgeprüften und Einsamen.

Es ist auch wichtig, wieder körperliches und geistiges Training aufzunehmen, das vegetativen Ausgleich bewirken kann. Dazu gehört auch, sich hin und wieder selbst etwas zuliebe tun. Aktivitäten in geistiger und körperlicher

Form beugen dem Auf-der-Stelle-Treten und dem Versauern vor. Das Fertigwerden mit altersspezifischen Problemen gelingt um so leichter, je besser wir mit Schwierigkeiten früherer Lebensphasen fertiggeworden sind. Unverarbeitete menschliche und sachliche Verluste, Enttäuschungen, Kränkungen und Frustrationen blockieren die Freude im Alter. Deshalb ist es von so großem Gewinn für unser ganzes Leben, wenn wir uns mit Gottes Hilfe stets in der Vergebung üben, denn Unversöhnlichkeit und Haß vergiften Leib und Seele und machen krank. Negative Gedankengänge verschlechtern das eigene Befinden und führen in soziale Isolation. Das Selbstwertgefühl wird geschwächt, zwischenmenschliche Kontakte sind erschwert. Gott fordert uns darum in seinem Wort dazu auf, ihm zu vertrauen und unsere Sorgen ganz ihm zu übergeben (Hebräer 10,35 und Philipper 4,6). Er will nicht, daß wir an Zurückliegendem hängenbleiben und uns dadurch an Leib und Seele schwächen lassen. Darum: im *Heute* leben, nach vorne schauen und »aufwärts froh den Blick gewandt«. Nicht zuletzt liegt in jeder Krise und in jedem Alter eine neue Chance vor uns! Auf die Zusage Jesu: »Siehe, ich bin bei euch alle Tage bis an der Welt Ende« dürfen und wollen wir uns in allen Situationen verlassen. Ja, Gott verläßt keinen, der mit ihm rechnet und an ihn glaubt.

Alt werden und noch vital sein dürfen ist kein Eigenverdienst, aber wir müssen auch bemüht sein, unseren möglichen Teil beizutragen. Es ist z. B. angeraten, seine Gaben, Neigungen und Hobbys nicht erst im Ruhestand zu entfalten, sondern sie frühzeitig zu pflegen, damit man im Alter nicht plötzlich in ein »Loch« fällt, vor einem Leerlauf steht (Pensionärstod).

Ich selbst kenne Unternehmungen geistiger und körperlicher Art schon von Kindesbeinen an. Mit meinem Vater war ich als Kind oft zum Schwimmen am Neckar, und später bin ich mit ihm bis zur Zugspitze nach Garmisch-Partenkirchen geradelt. Im Winter durfte ich mit meinem Vater zum gemeinsamen Schlittschuhlaufen zur Eisbahn, was mir alles Riesenspaß gemacht hat. Die Alpen zu erleben und die Gipfel zu erklimmen, war mir eine unsagbare Freude und hat mir Muskelkraft und Ausdauer eingebracht, die mir bis heute beim Bergsteigen zugute kommen. Die sportliche Betätigung haben wir nach meiner Heirat und später als Familie mit drei Kindern weiterhin betrieben, da ich das Glück hatte, mit meinem Mann gleichzeitig einen sportlichen Bergkameraden zu bekommen. Was früher gemeinsam geschah, muß jetzt durch eigene Initiative angegangen werden. Noch heute besteige ich das Nebelhorn von 800 m ausgehend bis zum Kreuz auf 2 200 m, allein zu Fuß. Ein herrliches Erfolgserlebnis, das mich beim Bergkreuz mit der einmalig schönen Aussicht auf ca. 70 schneebedeckte Gipfel belohnt. Mit Rucksack, Anorak und Teleskopstöcken ausgerüstet geht es über Gletscherbäche und teils an exponierten Felsnasen oder an durch Seile gesicherten Felswänden, bewachsen mit Enzian und Alpenrosen, vorbei. Wenn das keine einmalige Zugabe fürs Alter ist! Übung und regelmäßiges Training ist das Geheimnis. Die Bequemlichkeit im Alltag überwinden und sich bei jedem Wetter aufmachen, und sei es nur zu einem strammen Spaziergang: »Man bleibt nur beweglich durch Bewegung« raten uns die Orthopäden, und das tut dem ganzen Organismus gut, nicht nur den Knochen, Gelenken und der Wirbelsäule. Körper und Seele entspannen und entkrampfen sich in hohem Maße. Wenn das kein Gewinn in jedem Lebensalter ist! Nicht zu vergessen, auch angestaute Aggressionen werden durch Bewegung abgebaut und Probleme leichter angegangen.

Letztes Jahr, in meinem 78. Lebensjahr, durfte ich eine 16-tägige Studienreise nach Israel und Jordanien mit dem Flugzeug unternehmen. Randvoll beeindruckt von der »Heiligen Stadt« und den orientalischen Erlebnissen kehrte ich wohlbehalten zurück. Es war für mich eine unbeschreiblich große, interessante und unvergeßliche Bereicherung im hohen Alter.

Neben Gottes Wort lese ich mit Vorliebe auch Biographien vom Geiste Gottes geprägter Männer und Frauen. Zum Erhalt der geistigen Fitneß besuche ich immer wieder Sprachkurse in Englisch und Französisch und habe die Absicht, im Herbst wieder einzusteigen. Auch Kreuzworträtsel sind dann und wann an der Reihe. Beides trainiert das Gedächtnis, was im Alter für die geistige Motorik zu empfehlen ist. Anstatt zu telefonieren, schreibe ich meinen Kindern mit ihren Familien, die alle auswärts wohnen, in der Regel zum Wochenende, was sie mit Freuden entgegennehmen, weil sie etwas in Händen haben.

Ich wünsche ein harmonisches und frohes Alter, das in Gelassenheit und Gottvertrauen erlebbar wird. Wenn wir die Lebensfreude nicht verkümmern lassen, spielt das Alter keine Rolle. Und Gott hat jedem Menschen ein gesundes Maß an Freude zugedacht.

Maria Wahlenmayer

Ein eindrückliches Beispiel für eine Frau, deren Alter man gar nicht zur Kenntnis nahm, war Golda Meir. Die frühere Ministerpräsidentin von Israel besaß unwahrscheinliche Energie und viel Ehrgeiz. Sie regierte Israel in der Zeit zwischen ihrem einundsiebzigsten und sechsundsiebzigsten Lebensjahr. Als sie ihre Wechseljahre hinter sich gelassen hatte, wollte ihre Familie sie dazu bewegen, das Leben gemächlicher zu nehmen und nicht mehr so hart zu arbeiten.
»Warum?« fragte sie, »soviel Kraft und so gute Gesundheit hatte ich nicht mehr, seit ich ein Kind war!«

4.
Fitneß erhält jung

Wer sich lange als jung empfindet,
altert innerlich und äußerlich langsam.
Wer immer wieder Aufgaben vor sich sieht,
wird nicht alt; oder, anders gesagt, seine Jugendlichkeit
strahlt ins Alter hinein.

Alfred Emanuel Stückelberger

»Alt werden heißt sehend werden.« (Marie von Ebner-Eschenbach)
Beim Älterwerden ist es wichtig, auf verschiedenen Ebenen bewußt zu leben und aktiv zu sein – ohne Zwang und um so mehr mit Freude!

Auf geistiger Ebene: Eine positive Lebensgrundeinstellung, Lebensfreude entwickeln

Offenheit gegenüber Eindrücken und Anregungen aus der Umwelt, Lernbereitschaft in Herausforderungen;
»Man bleibt jung, solange man noch lernen, neue Gewohnheiten annehmen und Widerspruch ertragen kann« (Marie von Ebner-Eschenbach);
Gedächtnistraining z. B. durch Lesen, Klavierspielen, Schach und Lösen von Kreuzworträtseln, ebenso auch durch das Auswendiglernen von Lied- und Bibelversen;

Briefe schreiben o. ä.;
sich über Gelegenheiten freuen, bei denen man herzhaft lachen kann.
»Humor ist der Schwimmgürtel des Lebens.« (Wilhelm Rabe)

Auf seelischer Ebene: Zufriedenheit und emotionale Ausgeglichenheit tragen zur Fitneß bei

Mit Reizen aus der Umwelt bewußt umgehen, soweit es die Gesundheit zuläßt:
bewußtes Hören (Musik, Geräusche in der Natur ...);
Fühlen (eine liebevolle Umarmung, eine herzliche Begegnung, auch das Streicheln eines Tieres ...) und Riechen (Blumenduft, der Duft eines Frühlings- oder Sommertages, aromatische Düfte aus der Küche ...);
Impulse aus persönlichen Beziehungen.

Auf körperlicher Ebene: Jeden Tag eine halbe Stunde Bewegung

Körperliche Betätigung an frischer Luft:
Spazierengehen, wandern, Radfahren, Golf spielen, schwimmen, Seniorengymnastik – jedoch alles in Maßen!
Auch den Medikamentenkonsum überprüfen. Ältere Menschen stehen in der Gefahr, zu viele Pillen zu schlucken.
Ein Mittagsschläfchen;
das Abwehrsystem verlangt ständig Energie und Nährstoffe:

regelmäßige, nicht zu große Mahlzeiten;
morgens und mittags mehr, abends weniger Nahrungsaufnahme;
der Kalorienbedarf wird mit zunehmendem Alter geringer;
frisches Obst, Gemüse und Milchprodukte sorgen für den Vitamin-, Mineralstoff- und Eiweißbedarf;
abwechslungsreiche Kost, weniger fettreiche Speisen;
würzen mit Kräutern, Salzverbrauch reduzieren;
ausreichende Flüssigkeitsaufnahme (Wasser, Kräutertee), weniger Koffein und Alkohol;
mit Freude an einem schön gedeckten Tisch gemütlich essen und dabei gut kauen.
Auch Alleinstehende müssen sich so viel wert sein, daß sie sich nicht vernachlässigen!
»Die größte Zahl der Menschen stirbt keines natürlichen Todes, sondern mordet sich selbst durch eine verkehrte Lebensweise«. (Seneca)

Gerdi Stoll

Ich bin sehr jung Großmutter geworden. An einem Sommertag, kurz bevor ich mit meinem sechsjährigen Enkel ans Meer gehen wollte, betrachtete ich mich im Spiegel und war – Bescheidenheit hin oder her – mit meiner Figur sehr zufrieden.
Am Strand spielten in unserer Nähe ein paar junge Männer Fußball.
Da traf mich auf einmal der Ball am Kopf, und der Schlag machte mich etwas benommen. Mein Enkel sprang wütend hoch und drohte den Spielern mit der Faust.
»Paßt doch auf!« schrie er. »Seht ihr denn nicht, daß meine Großmutter schon alt ist?«

MARIA DA GRA PINTO VIEGAS, PORTUGAL

5.
Was ist eine Großmutter?

Eine Großmutter ist eine Dame, die keine eigenen Kinder hat. Sie mag die kleinen Mädchen und Jungen anderer Leute. Ein Großvater ist eine männliche Großmutter. Er geht mit den Jungen spazieren, und sie unterhalten sich über's Fischen und so'n Kram.

Großmütter haben nichts anderes zu tun, als einfach nur da zu sein. Sie sind schon alt, deswegen sollten sie nicht zu doll toben oder rennen. Es genügt schon, wenn sie uns zum Marktplatz fahren, wo das Schaukelpferd steht, und den Geldbeutel voller Groschen haben. Wenn sie mit uns spazierengehen, sollten sie vor hübschen Blättern und Raupen und anderen Dingen stehenbleiben. Nie sollten sie »Beeil dich« sagen.

Großmütter sind meistens dick, aber nicht zu dick, um einem die Schuhe zuzubinden. Sie tragen eine Brille und komische Unterwäsche, und sie können ihre Zähne 'rausnehmen.

Großmütter brauchen nicht klug zu sein, sie müssen nur auf Fragen antworten können wie: »Warum ist Gott nicht verheiratet?« und »Wie kommt es, daß Hunde hinter Katzen herjagen?«

Großmütter sprechen keine Babysprache wie Besucher, denn die kann man ja kaum verstehen. Beim Vorlesen überschlagen sie keine Seiten oder ziehen ein Gesicht, wenn man die gleiche Geschichte nochmals hören will.

Jeder sollte eine Großmutter haben, besonders, wenn er keinen Fernseher hat, denn sie sind die einzigen Erwachsenen, die Zeit haben.

Eine siebenjährige Schülerin

6. Gedanken über das Großmutter-Sein

»Du bist ja gar keine richtige Großmutter!« Dieser Satz klingt mir noch in den Ohren, als ich den Hörer auflegte. Gerade habe ich mit einer Freundin telefoniert und von meinen Enkeln berichtet. Warum entspreche ich nicht dem gängigen Bild einer »richtigen« Großmutter? Es stimmt schon: Ich sitze nicht auf Besuch wartend im Lehnstuhl. Nein, ich bin trotz meines Alters noch eine aktive Frau; bis zum 65. Lebensjahr habe ich halbtags gearbeitet, gleichzeitig habe ich eine ehrenamtliche soziale Tätigkeit ausgeübt, habe joggen und skifahren gelernt und mir tatsächlich noch einen Terminkalender anschaffen müssen, um all dies unter einen Hut zu bringen. Und einige Reisen in die weite Welt habe ich mir auch zugetraut. Sind dabei die Enkel zu kurz gekommen? Ich glaube nicht. In regelmäßigen Abständen habe ich sie besucht – wenn ich denn eingeladen war – denn von spontanen Besuchen in den jungen Familien halte ich nichts. Und was habe ich den Enkeln mitgebracht? Vor allem Zeit: Zeit zum Spielen, Zeit zum Vorlesen, zum Draußen-Herumtoben – so gut es geht – und einfach zum Da-Sein. So haben wir uns miteinander befreundet und ein Vertrauensverhältnis aufgebaut, über das ich sehr froh bin.

Dabei werde ich nicht mit »Großmutter« angeredet. Diesen Ausdruck gibt es nur noch in der Literatur, glaube ich. »Oma« oder »Omi« ist die geläufige

Anrede, und eigentlich bin ich damit auch nicht sehr glücklich. »Oma« hat so etwas Distanzloses an sich, ja geradezu Verächtliches. Was ist schon eine Oma? Eine alte, hilflose Frau, womöglich noch etwas verwirrt und mit unsicheren Schritten gehend, der man helfen muß, gut über die Straße zu kommen. Da ist es schon besser, z. B. mit »Oma Gisela« angesprochen zu werden, da ist doch eine Person gemeint. Und mit dieser Anrede komme ich gut zurecht. Eine »Oma Gisela« ist ja nicht nur eine Person, sondern auch eine Persönlichkeit. Sie hat in ihren langen Lebensjahren die eigenen Kinder erzogen und die Schwierigkeiten eines Familien- und Ehelebens hinter sich gebracht. Sie hat Situationen und Ereignisse einzuschätzen gelernt, hat Freud und Leid erlebt und gelernt, daß es viel Geduld und Liebe braucht, um eine Familie zusammenzuhalten. Diese Beschreibung stellt sich nun fast wie ein Idealfall dar. Was macht die »gütige, lebenserfahrene, abgeklärte« Großmutter, wenn es um die Erziehung der Enkel geht? Hat sie genügend Fingerspitzengefühl, sich entsprechend zurückzuhalten, wenn sie nicht gefragt wird? Schafft sie es, den anderen Lebensstil der jungen Familie zu akzeptieren? Mir ist das nicht immer gelungen, muß ich gestehen. Ich war da oft dankbar für das Verständnis der jungen Eltern. – Und was ist mit der Hilfsbereitschaft der so fortschrittlichen Großmutter? Ist sie bereit, die Kinder im Urlaub zu übernehmen, damit die gestreßten Eltern zur Ruhe kommen? Fährt sie den Jüngsten gern im Kinderwagen spazieren, steht sie geduldig stundenlang auf Spielplätzen herum? Hat sie Lust und Kraft, Nachhilfeunterricht zu erteilen, den Klavierunterricht zu überwachen, die Vokabeln abzuhören? Und kann sie – im Gegensatz dazu – es auch ertragen, wenn ihr so großzügig gemeintes Hilfsangebot nicht angenommen wird, wenn man sie nicht braucht? – Mir scheint es ganz wichtig, eine gewisse Distanz zu wahren, um nicht von Gefühlen überwältigt zu werden wie etwa: »So hätte ich das nie gemacht, früher war es besser«. War es früher wirklich besser? Da habe ich meine Zweifel.

Abschiednehmen und Tod gehen auch an unseren Enkeln nicht vorüber. Ich erinnere mich an ein Gespräch mit meiner Schwiegertochter, die vom Tod ihrer geliebten Großmutter berichtete. Diese habe ein erfülltes Leben gehabt, habe Reisen unternommen und das Alter auf ihre Weise genießen können. Wenn ein Mensch ein erfülltes Leben gehabt habe, so sagte sie, könne man ihn auch in Frieden ziehen lassen. – So einen Abschied wünsche ich mir auch für mich.

In der Bibel spielt die Großmutter keine große Rolle. Lediglich das Neue Testament beschreibt einmal die Bedeutung einer Großmutter: Im 2. Timotheusbrief wird der junge Timotheus an seine Großmutter Lois erinnert, die ihm den christlichen Glauben vermittelt hat. Der Glaube habe in ihr »gewohnt«, heißt es. Ja, das wünsche ich mir auch für meine Enkel, daß der Glaube an Jesus Christus in ihnen wohnen möge.

Gisela Hauber

Mutter war 76, dynamisch, selbständig – und unschlagbar kauflustig. Als sie mich einmal von halb zehn Uhr morgens bis halb drei Uhr nachmittags auf Trab gehalten hatte, war ich am Ende meiner Kräfte.
»Mama«, jammerte ich, »ich kann nicht mehr. Der Rücken tut mir weh, die Füße fallen mir ab, und ich habe fürchterliche Kopfschmerzen. Ich bin hungrig und will nach Hause!«
Sie sah auf die Uhr. »O du liebe Zeit!« rief sie aus. »Ich muß auch los. Um fünf bin ich zum Kegeln verabredet.«

Zeitvertreib

Wenn wir jung sind, wollen wir die Grundschule hinter uns bringen, damit wir auf eine höhere Schule kommen, wir wollen die höhere Schule abschließen, um auf die Fachschule oder Hochschule zu gehen, wir warten sehnsuchtsvoll auf den Tag, an dem wir ins Berufsleben eintreten, wir sehnen das Ende der neun Monate herbei, damit wir endlich Eltern sein können, wir warten ungeduldig auf das Monatsende, weil es dann wieder Gehalt gibt, wir sehnen uns nach dem Sommer, der uns den wohlverdienten Urlaub bringt, wir können es kaum erwarten, daß das neue Traumauto vor der Tür steht …
Und wenn wir schließlich 70 sind, haben wir die Stirn, unserem Enkel vorzujammern: »Ach, mein Junge, wenn ich doch bloß noch mal so jung sein könnte wie du!«

José Miranda Cravina, Portugal

7.
Was sich ältere Menschen von den Jüngeren wünschen:

- Verständnis, Akzeptanz, Liebe
- Einfühlsamkeit
- Liebe und Achtung untereinander; Brücken, die bestehen bleiben zum gegenseitigen Verstehen und Verstandenwerden
- das gemeinsame Gespräch, damit Schwierigkeiten beseitigt werden können
- Zufriedenheit, Bescheidenheit, Dankbarkeit
- daß man sich gegenseitig nie so verletzt, daß es kein Miteinander mehr geben kann
- Frieden, den die Älteren in ihrer Jugendzeit größtenteils nicht erleben konnten

Wer in der Jugend
einen Weinberg anlegt,
hat im Alter Trauben.

Lebensweisheit

Wer sich schon mit 30 Jahren angewöhnt,
über das Leben zu jammern
und an allem herumzunörgeln,
dem kann man es schriftlich geben,
daß er mit 65
eine essigsaure Gurke sein wird,
an der niemand
seine Freude hat.
Wer sich bereits
in der Lebensmitte gehen läßt,
in Selbstbemitleidung,
in Unzufriedenheit und Undankbarkeit,
der wird im Alter
von seiner Umgebung bestimmt
als schwieriger Mensch
empfunden werden,
dem man nach Möglichkeit ausweicht.
Wer sich aber
frühzeitig übt
im Verehren und Staunen,
im Lieben,
Loben und Danken,
der wird auch bei hohen Jahren
noch etwas Frohes und Frisches,
etwas Liebenswürdiges und Anziehendes
in seinem Wesen an sich tragen.

Adolf Köberle

8.
Was sich junge Leute von älteren Menschen wünschen

– daß die Älteren ihr Ältersein fröhlich annehmen

– daß sie den Jüngeren von ihrer reichen Lebenserfahrung erzählen

– daß sie versuchen, unvoreingenommen zu sein

– daß sie gastfreundlich sind

– daß sie tolerant sind

– daß sie versuchen, sich in die Jungen hineinzuversetzen

– daß sie nicht nur an ihren Erfahrungen festhalten, sondern auch für Neues aufgeschlossen sind

– daß sie, wenn sie nicht mehr auf eine Erwerbstätigkeit angewiesen sind, etwas von ihrer Arbeit an jüngere Menschen abgeben

(aus einer Umfrage in einem Jugendkreis)

9.
Das Alter im Spiegel von jung und alt

»Jung sein, das kann jeder. Aber alt werden, das will gelernt sein.« (Heinz Pol)

»Wer alt werden will, muß beizeiten damit beginnen. (Span. Sprichwort)

»Alt werden will jeder, älter werden niemand.« (Goethe)

»Keine Grenze verlockt uns mehr zum Schmuggeln als die Altersgrenze.« (Robert Musil)

»Denn das Alter ist kein Ereignis, das plötzlich, von einem Moment zum nächsten, eintritt; es ist vielmehr ein langsamer, ununterbrochener Prozeß, der doch eigentlich an unserem ersten Lebenstag einsetzt und erst mit unserem Tod beendet ist.« (Robert Kastenbaum)

»Alt ist, wenn der Hund tot und die Kinder aus dem Haus sind.« (Ausspruch eines Schülers)

»Man ist oft zu jung zum Freien, aber niemals zu alt zum Lieben.«

»Den Alten möchte man verschreiben: Ein wenig Humor, viel Geduld und unerschöpflich viel Liebe.« (Elly Heuss-Knapp)

»Opa ist mein bester Freund.« (Aus Kindermund)

»Die Großeltern geben oft Süßigkeiten und auch etwas Geld, wenn man von den Eltern nichts mehr bekommt.« (Aus Kindermund)

»Kinder und Großeltern sind oft natürliche Verbündete.« (Ein Großvater)

»Ich hätte nicht gedacht, daß das Alter so fesselnd ist.« (Leo Tolstoi)

»Jeder, der sich die Fähigkeit erhält, Schönes zu erkennen, wird niemals alt.« (Franz Kafka)

»Solange man bewundern und lieben kann, ist man immer jung.« (Pablo Casals)

»Altwerden ist ein Geschick, das vielen widerfährt. Aber es ist ein großes Geschenk, dabei dankbar zu bleiben.« (Heinrich Giesen)

»Wenn man alt ist, kann man sich nicht mehr bücken.« (Aus Kindermund)

»Die Gesunden gehen auch sehr oft mit ihren Dackelhunden spazieren.« (Aus Kindermund)

»Sie sind unternehmungslustig.« (Aus Kindermund)

»Sie gehen immer in die Kirche.« (Aus Kindermund)

»Ältere und alte Menschen leben eher von der Erinnerung, junge und jüngere von den Erwartungen, die sie an das Leben haben.« (Marga Werner-Pieper)

»Altern heißt, sich über sich selbst klar werden.« (Simone de Beauvoir)

»Lebe so, daß du nicht rückblickend sagen mußt: Gott, wie habe ich mein Leben vertan!«
(Elisabeth Kübler-Ross)

»Einen Menschen lieben, heißt einwilligen, mit ihm alt zu werden.« (Albert Camus)

»Als Gemeindeschwester besuche ich oft ältere Leute zu Hause, um nach ihrem Gesundheitszustand zu sehen. Ein Paar ist darunter, dessen Vitalität und Humor mich einmal besonders beeindruckten. Sie war 87 Jahre alt, er 86. Bei einem Besuch bewunderte ich die Antiquitäten, die sie im Lauf der Jahre gesammelt hatten, und fragte, was wohl das älteste Stück im Hause sei. ›Ich‹, *antwortete die Frau.« (E. Man Yeung)*

»Ein Archäologe ist der beste Mann, den eine Frau sich wünschen kann. Je älter sie wird, desto mehr Interesse zeigt er an ihr.« (Agatha Christie)

»Das eindrucksvollste Beispiel von Toleranz ist eine Goldene Hochzeit.«

»Mit siebzig Jahren jung zu sein macht viel mehr Spaß als mit vierzig alt.« (Maurice Chevalier)

An ihrem 75. Geburtstag sagte ein Freund zur Fürstin Pauline Metternich:
»Was sind denn 75 Jahre!« »Nicht viel für eine Kathedrale,« erwiderte sie, »aber bei einer Frau beginnt es zu zählen.«

»Ich bin jetzt über 93 Jahre alt, also nicht gerade jung, jedenfalls nicht mehr so jung, wie ich mit neunzig war. Aber Alter ist überhaupt etwas Relatives. Wenn man weiter arbeitet und empfänglich bleibt für die Schönheit der Welt, die uns umgibt, dann entdeckt man, daß Alter nicht notwendigerweise Altern bedeutet, wenigstens nicht Altern im landläufigen Sinne. Ich empfinde heute viele Dinge intensiver als je zuvor und das Leben fasziniert mich immer mehr.« (Pablo Casals)

»Lebt in einer Familie ein alter Mensch, so besitzt sie ein Juwel.« (Chinesisches Sprichwort)

10.
Nachdenkenswert

Jugend, Schönheit und Leistungsfähigkeit– heute die Ideale der modernen westlichen Gesellschaften schlechthin – werden an Bedeutung verlieren, wenn die Mehrheit der Bevölkerung schon von den Falten des Lebens gezeichnet ist und die physische Leistungsfähigkeit abnimmt.

Barbara Thurner-Fromm

Der alte Mensch ist ein Kulturgut. Eine Gesellschaft ohne alte Menschen ist wie ein Mensch ohne Gedächtnis.

Alfred Emanuel Stückelberger

Es ist etwas Wahres daran:
Das Leben wird erst jenseits siebzig
wirklich interessant. Da entdeckt man, wie
Gott alles wunderbar »eingefädelt« hat;
daß auch die Strecken durch die Wüste
ihren Sinn hatten;
daß das, was wir mit 40 oder 50 Jahren
als ein Minus betrachtet haben,
in Wirklichkeit ein Plus gewesen ist;
daß der erlebte Verlust im Grunde
ein Gewinn, der scheinbare Untergang
ein Aufgang war;
daß man nur gefördert werden kann,
wenn man auch gefordert wird.

Älterwerden – eine Herausforderung

Herr, du weißt besser als ich, daß ich älter werde und eines Tages alt bin. Bewahre mich vor der Neigung, bei jeder Gelegenheit über alles und jedes reden zu müssen. Befreie mich von der Lust, mich in anderer Leute Dinge und Angelegenheiten einzumischen.

Mach mich nachdenklich, aber nicht launisch, hilfsbereit, aber nicht aufdringlich.

Meinen großen Schatz reicher Erfahrungen möchte ich am liebsten allen Menschen mitteilen, doch bewahre mich davor, damit ich bis zum Ende meines Lebens noch ein paar Freunde behalte.

Wenn ich etwas erzähle, laß mich nicht in Einzelheiten versinken. Gib meinen Gedanken Flügel, damit sie schnell zum Kern der Sache kommen.

Versiegele meine Lippen, wenn ich ständig von meinen Krankheiten und Beschwerden reden möchte. Sie nehmen im Laufe der Zeit zu, und die Lust über sie zu reden wird süßer, je älter man wird.

Ich wage nicht zu bitten, gib mir die Kraft, die Leidensgeschichten anderer gern anzuhören, aber hilf mir, sie in Geduld ertragen zu können.

Ich will auch nicht um ein besseres Gedächtnis bitten, aber gib mir HERR, immer mehr Sanftmut, daß ich nicht »todsicher« und »ganz bestimmt« sage, wenn mein Gedächtnis der Erinnerung anderer widerstreitet. Erteile mir immer wieder einmal eine heilsame Lehre, daß auch ich mich irren kann.

Bewahre mir etwas Liebreiz bis an mein Ende. Ich will zwar keine Heilige werden; auch diese sind nicht immer leicht zu ertragen. Aber ein griesgrämiger alter Mensch ist ein Meisterwerk des Teufels.

Gib mir die Fähigkeit, Gutes zu sehen, wo man es nicht erwartet und bei Menschen Begabungen zu entdecken, wo man sie nicht vermutet. Schenk mir die Gnade HERR, es ihnen auch zu sagen. Amen.

Englisches Gebet aus dem 18. Jahrhundert

11.
Begegnungen mit Senioren

Auch im Alter lohnt es sich, an Gott zu glauben

Der Pfarrer besucht eine ältere Frau zu ihrem 85. Geburtstag. Kurze Zeit später hört er, daß diese Frau schwer gestürzt sei und im Krankenhaus nochmals einen schweren Bruch erlitten habe. Bei einem Besuch im Krankenhaus erkundigt sich der Pfarrer voll Sorge, ob die Frau innerlich mit ihrem schweren Schicksal zurechtkomme. Er erlebt einen überraschend zuversichtlichen Menschen. Er fragt: »Woher nehmen Sie bei Ihrem Los so viel Zuversicht?« »Wissen Sie, Herr Pfarrer, ich habe noch einen Auftrag. Ich muß doch meinen Enkeln zeigen, daß es sich auch im Alter bei mancherlei Beschwernissen lohnt, an Gott zu glauben.«

Im Frühjahr säen!

Auf das Klingeln erscheint hinter der Gardine ein freundliches Gesicht. Herzlich begrüßt die Frau des Jubilars den Geburtstagsbesuch. Und dann erzählt der Jubilar aus seinem Leben. Im Krieg wurde er schwer angeschossen, erlitt Typhus. Seine Frau habe schon einen Schlaganfall hinter sich. Und inzwischen könne er kaum noch hören und sehen. So habe er gelernt, sich nicht so wichtig zu nehmen. Doch dann gerät er ins Schwärmen. Viele Schätze der Kirche leuchteten erst in der Not auf.

»Mein Lieblingslied heißt: ›Mir ist Erbarmung widerfahren‹. Mir ist es wichtig gewesen, daß meine Kinder viele Lieder auswendig lernen. Denn wer im Frühling nichts sät, hat im Sommer nichts zu ernten und im Winter nichts zu essen. Ach, daß doch die jungen Leute mehr Lieder auswendig lernten!«

Suche Jesum und sein Licht

Schmächtig und unscheinbar war er, aber aus Überzeugung Christ. Bis ins hohe Alter war er ständig unterwegs für Gott. Er brachte Zeitschriften in die Häuser, besuchte Kranke und betete mit ihnen. Wenn der Pfarrer während der Predigt eine Frage stellte, konnte er Antwort geben. In seinen letzten Lebensjahren, als er nur noch mit großer Mühe die Bibelstunden besuchen konnte, ergriff er hin und wieder mittendrin das Wort, indem er einen Bibelvers zitierte und dann mit seinem Vermächtnis schloß: »Suche Jesum und sein Licht, alles andre hilft dir nicht.« Schließlich ging es auch mit ihm dem Ende entgegen. Es war kein leichtes Sterben. Seine Familie wachte bis zuletzt an seinem Bett. Solange er noch sprechen konnte, bat er darum, daß man ihm Loblieder singe. Nachdem er den letzten Atemzug getan hatte, ging ein Strahlen über sein Gesicht. Nun durfte er das Licht Jesu schauen.

Eine Beterin

Sie hatte es nie leicht gehabt. Vor 50 Jahren war ihr Mann gestorben. Zwillinge wurden gleich nach der Geburt durch den Tod von ihr gerissen. Neben einem

Sohn zog sie noch ein fremdes Kind in der Familie auf. Da liegt sie nun seit Jahren in ihrem Krankenbett. Die ganze Familie ist zu ihrem 90. Geburtstag versammelt und singt: »Befiehl du deine Wege«. Sie hört nur noch sehr wenig. Aber sie strahlt Freude und Humor aus. Vor zwei Jahren dachten alle, es wäre aus. Aber Gott schenkte noch einmal Gnade. Sie kennt jedes Familienmitglied, auch jedes ihrer Enkel beim Namen und erkundigt sich nach dem Ergehen. Sie ist eine Beterin, mit 90 Jahren innerlich hellwach. Sie betet in den langen Stunden ihres Leidens nicht nur für die Familie, sondern für den ganzen Ort. Dieser Segen ist in ihrer Gegenwart spürbar. Was wird sein, wenn solche Beter nicht mehr unter uns sind?

Gottes Güte

Sie hatte ein schweres Leben. In früher Kindheit verlor sie beide Eltern. 57 Jahre lang war sie Witwe und verlor später noch ihren Sohn. Lange haderte sie mit Gott über ihren Konfirmationsspruch: »Wie köstlich ist deine Güte, Gott, daß Menschenkinder unter dem Schatten deiner Flügel Zuflucht haben!« (Ps 36,8) Eines Tages beklagte sie sich über dieses »unmögliche« Bibelwort zu ihrem leidvollen Leben bei einem Lehrer. Der entgegnete ihr: »Berta, Gott läßt dir ausreichend Zeit, bis du deinen Konfirmationsspruch verstehst.« Und so geschah es. Sie lernte von diesem Lehrer viele Lieder. Und an ihrem 80. Geburtstag gab sie Zeugnis von der durchtragenden Güte Gottes und sang auswendig fehlerlos ein fünfstrophiges Lied auf Gottes Güte.

Friedemann Kley

*Niemals empfindet man die
Hand Gottes kräftiger über sich,
als wenn man die Jahre
seines vergangenen Lebens
betrachtet.*

Martin Luther

12.
Lebensweisheiten aus dem Munde älterer Menschen

Herr, gib mir die Gelassenheit, Dinge hinzunehmen, die ich nicht ändern kann; gib mir den Mut, Dinge zu ändern, die ich ändern kann; und gib mir die Weisheit, das eine vom andern zu unterscheiden.

(Fr. Chr. Oetinger)

Nimm dich selbst nicht so wichtig!

Mache aus jedem Tag das Beste!

Die große Schuld des Menschen sind nicht die Sünden, die er begeht, denn die Versuchung ist groß und seine Kraft gering!
Die große Schuld ist, daß er in jedem Augenblick die Umkehr tun kann – und tut's nicht.

Wir sind hier auf Erden, um zu werden, nicht um zu sein.

(J. M. Sailer)

Alt macht nicht die Zahl der Jahre, alt macht nicht das Grau der Haare, alt ist, wer den Humor verliert und sich für nichts mehr interessiert.

Glaube und ein gut Gewissen, sind ein unzertrennlich Paar; ist man nicht auf dies beflissen, so ist jener in Gefahr.

13.
Worte, die tragen, ausgewählt von älteren Menschen

»Das ist meines Herzens Freude und Wonne, wenn ich dich mit fröhlichem Munde loben kann.«
(Psalm 63,6)

»Das geknickte Rohr wird er nicht zerbrechen und den glimmenden Docht nicht auslöschen.«
(Jesaja 42,3)

»Erkennet doch, daß der Herr seine Heiligen wunderbar führt ...«
(Psalm 4,4)

»Wenn ich mitten in der Angst wandle, so erquickest du mich.«
(Psalm 138,7)

»Von allen Seiten umgibst du mich und hältst deine Hand über mir.«
(Psalm 139,5)

»Denn ich bin der Herr, dein Gott, der deine rechte Hand faßt und zu dir spricht: Fürchte dich nicht, ich helfe dir!«
(Jesaja 41,13)

»Herr, deine Güte reicht, so weit der Himmel ist, und deine Wahrheit, so weit die Wolken gehen.«
(Psalm 36,6)

»Befiehl dem Herrn deine Wege und hoffe auf ihn, er wird's wohlmachen.«
(Psalm 37,5)

14.
Ich muß nicht einsam bleiben

In seiner Lebensmitte verunglückte mein Mann tödlich. Es dauerte Wochen, bis ich aus dem Schock herauskam und anfing zu begreifen, was es bedeutet, allein zu sein. Sicher, ich hatte meine Kinder und liebe Freunde, aber der Austausch und die Gespräche mit meinem Mann fehlten mir sehr. Ich stürzte mich in die Arbeit und fand auch Befriedigung dabei. Ich merkte aber nicht, daß ich damit meine Gesundheit ruinierte. Liebe Freunde, die meine Not sahen, sprachen mich ganz offen an. Sie wiesen mich darauf hin, daß ich auch für meinen Körper verantwortlich sei. Das hat mir sehr geholfen, meine Einstellung zu verändern.

Nach einiger Zeit lernte ich meinen zweiten Mann kennen. Die Beziehung zu ihm trug dazu bei, daß ich innerlich wieder heil wurde. Wir heirateten und ich habe viel Schönes mit ihm zusammen erlebt. Nach zwei Jahren wurde er krank und schon nach einigen Monaten wußten wir, daß er sterben würde. Der tiefe Schmerz, auch ihn loslassen zu müssen, bewirkte in mir, daß ich mich jede Nacht in den Schlaf weinte. Doch tagsüber, während seiner Leidenszeit, nutzten wir jede Gelegenheit, uns auszusprechen, voneinander Abschied zu nehmen und uns auf die Zeit hin zu trösten, in der wir einmal bei Gott vereint sein werden.

Durch die längere Krankheitszeit meines Mannes konnte ich mich auf mein erneutes Alleinsein vorbereiten und war nach seinem Tod nicht geschockt, sondern getröstet. Da meine Kinder in verschiedenen Teilen der Welt leben, begann für mich jetzt ein Leben mit vielen Reisen. Ich versuchte, mich bei ihnen nützlich zu machen, wo es möglich war. Das war ein Lernprozeß, sich anzupassen und mit den Jungen zusammenzuleben. Auch bin ich dankbar für Freunde meines Alters, mit denen ich gleiche Anliegen und Sorgen austauschen kann.

Mittlerweile habe ich das siebzigste Lebensjahr erreicht. Erst jetzt ist mir so recht bewußt geworden, daß ich zu den Senioren gehöre. Noch nie ist mir Psalm 90, Vers 10 so tief in den Sinn gegangen wie jetzt: »Unser Leben währet siebzig Jahre, und wenn's hoch kommt, so sind's achtzig Jahre, und was daran köstlich scheint, ist doch nur vergebliche Mühe; denn es fähret schnell dahin, als flögen wir davon.« Doch mit Gottes Hilfe will ich weiterhin aktiv sein, soweit es mir meine Gesundheit erlaubt. Ich möchte mich weiterhin an meinen Kindern und Enkelkindern freuen, Zeit mit lieben Freunden verbringen und gespannt sein, womit Gott mich noch überraschen will.

Natürlich könnte ich auch von vielen einsamen Stunden, Selbstmitleid, Schwierigkeiten und vielem mehr, wodurch ich angefochten worden bin, erzählen. Doch was bringt mir das? Darum will ich lieber »den Herrn loben allezeit; sein Lob soll immerdar in meinem Munde sein.« (Psalm 34,2) Nur mit ihm kann ich getrost weitergehen und sagen: »Meine Zeit steht in deinen Händen.« (Psalm 31,15)

Anni Brauen

*Wenn man nur das sieht,
was man nicht mehr hat,
kommt man aus dem Klagen
und der Trübsal nicht mehr
heraus.
Wenn man aber auf das sieht,
was man noch hat,
zieht wärmende Freude ins
Herz.*

Otto Schliesske

*Viele Menschen sind
oft deshalb einsam,
weil sie Dämme aufrichten,
statt Brücken zu bauen.*

Theodor Fontane

15.
Einsamkeit kann überwunden werden

Stunden des Alleinseins können als sehr wertvoll empfunden werden: Mittlerweile sind die Kinder groß und selbständig geworden, das Berufsleben nimmt nicht mehr so gefangen. Deshalb ist es nun auch möglich, Arbeiten in Ruhe zu erledigen und Hobbys zu pflegen. Und doch gibt es Zeiten, wo Alleinsein unerträglich und belastend werden kann. Man fühlt sich einsam.

– Wenn der Ehepartner stirbt:
  Es geht ein Stück von mir selber verloren. Das vertraute Gespräch im Alltag, der Austausch über gemeinsame Erinnerungen findet nicht mehr statt.
  Wer kann mein Gesprächspartner, mein Gegenüber werden?
– Gott hat zugesagt, daß er bis ins hohe Alter tragen will. Ich bin deshalb nicht einsam, weil ER bei mir ist. Bin ich für diese Zusage offen? Habe ich Mut zum ersten Schritt auf andere zu, damit auch sie von dieser Erfahrung Impulse für ihr Leben empfangen?
– Die zunehmende Vereinzelung in unserer Bevölkerung durch Auflösung der Familienstrukturen wird auch im Alter den Verlust von familiären Bindungen nach sich ziehen. Das führt zu starken emotionalen Herausforderungen und kann Suchtverhalten im Alter fördern.
  Woran halte ich mich fest? Was gibt meinem Leben letztendlich Sinn? Mit wem kann ich über meine

Situation offen reden? Über folgende Angebote könnte ich nachdenken und mich informieren: z. B. Wochenende für alleinstehende, geschiedene und verwitwete Frauen – Seniorenfreizeiten – christliche Gesprächsgruppen für Senioren – Gebetsgruppe (Gebet für Missionare, Jugend, Familien, Politik usw.) – Besuchsdienst in der Gemeinde – Krankenbesuche, Hören des Evangeliumsrundfunks.

Im Alter geht die reiche Gefühlspalette nicht verloren. Beziehungen zu pflegen, Kontakte zu knüpfen, sich geistig und seelisch herausfordern zu lassen, das ist wichtig.

Inwieweit bin ich noch in der Lage, ohne große Umstände zu machen, Gastfreundschaft zu üben und mich auch selber einladen zu lassen?

»Das Weiterleben eines Menschen kann abhängen von einem Besuch, der gerade heute kommt, von einem Brief, der gerade jetzt eintreffen soll.« (R. Abeln / A. Kner)

– Vereinzelung, gestörte Beziehungen und die Mobilität in unserer Gesellschaft haben zur Folge, daß Kinder und Jugendliche immer weniger Bezug zu ihren Großeltern finden können. »Großeltern auf Bestellung« bzw. »Leihgroßväter und Leihgroßmütter«, das ist ein Angebot für berufstätige Mütter, amputierte und vollständige Familien, die Großeltern in der unmittelbaren Umgebung entbehren müssen und dankbar für eine solch wertvolle Entlastung sind.

Man kann als Großeltern leben, ohne jemals eigene Kinder gehabt zu haben!

Wirklich alt fühlt sich der Mensch nur, wenn er das

Gefühl hat, von niemandem mehr gebraucht zu werden. (Nach Barbara Thurner-Fromm)

– Es gibt auch Einsamkeit in der älter gewordenen Ehe. Da muß Zweisamkeit neu entdeckt und gepflegt werden. Hilfreich ist, wenn man lernt, offener zueinander zu werden, wenn man viel miteinander spricht und gemeinsame Tätigkeiten und Interessen sucht.
– Der Blick aus dem Fenster, das Einschalten des Fernsehers kann Langeweile vertreiben. Und dennoch ist letzteres kein gleichwertiger Ersatz für lebendige Beziehungen.

Was hält mich gefangen, daß ich dennoch einsam bin bzw. mich einsam fühle? Ist es meine Verzagtheit: »Ich schaffe den Schritt nach draußen doch nicht?«
Ist es mein Minderwertigkeitsgefühl: »Wer hat schon Interesse an mir? Ich bin ja nur lästig und überflüssig.«
Ist es mein Mißtrauen: »Mich versteht ja doch keiner.«
Das Alter gehört zur menschlichen Wirklichkeit in der gefallenen Schöpfung. Gott hat den Menschen mit einer hohen Würde ausgestattet, gerade diese letzte Lebensphase bewußt zu leben und Chancen zu nutzen, die gegeben sind.
Habe ich Mut, mich korrigieren zu lassen und umzudenken, damit meine Einsamkeitsgefühle ihre Macht verlieren?

– Dankbarkeit ist eine Haltung, die Einsamkeit abbauen hilft. Sie stiftet Gemeinschaft. Es gibt viele Gründe und Anlässe, die be-denkens-wert sind: Haben Sie in letzter Zeit schon einmal Ihrem Mann / Frau, Ihren Kindern, Freunden, Menschen, die Sie begleiten, Ihrem Arzt, Ihrer Gemeindeschwester gedankt?

– Die tiefste Einsamkeit im Menschen ist das Getrenntsein von Gott. Schuld zwischen Menschen, Schuld zwischen Mensch und Gott löst diese Einsamkeit aus. Kann ich darüber mit einem vertrauenswürdigen Menschen reden, so daß ich mich bei ihm und vor Gott aussprechen, Schuld bekennen und Vergebung erfahren oder einem anderen zusprechen kann – bevor es für mich zu spät ist?

Folgende Worte eines Psalmbeters können zu solch einem Gespräch ein Anstoß sein:

»Wohl dem, dem die Übertretungen vergeben sind, dem die Sünde bedeckt ist! Wohl dem Menschen, dem der Herr die Schuld nicht zurechnet, in dessen Geist kein Trug ist!

Denn als ich es wollte verschweigen, verschmachteten meine Gebeine durch mein tägliches Klagen.

Denn deine Hand lag Tag und Nacht schwer auf mir, daß mein Saft vertrocknete, wie es im Sommer dürre wird.

Darum bekannte ich dir meine Sünde, und meine Schuld verhehlte ich nicht.

Ich sprach: Ich will dem Herrn meine Übertretungen bekennen.

Da vergabst du mir die Schuld meiner Sünde.«

(Psalm 32,1-5)

»Das Alter kann nur richtig gelebt werden, wenn es als letzte Vorbereitung auf das Leben mit Gott verstanden wird. Der alternde Mensch geht in eine immer größere Einsamkeit ein. In dieser Einsamkeit erwartet ihn Gott.« (R. Abeln / A. Kner, Wie werde ich fertig mit meinem Alter? Vier-Türme-Verlag, Münsterschwarzach 1991, S. 8)

Gerdi Stoll

Eine alte Legende berichtet von einem Mann, der glaubte, er habe das allerschwerste Kreuz auf der Welt zu tragen.
Er bekam – so die Legende – die Erlaubnis, das eigene Kreuz abzulegen und sich unter den vielen Kreuzen, die die Menschen zu tragen haben, das leichteste herauszusuchen.
Das Ergebnis?
Er kam zu seinem Kreuz zurück und fand, das seine sei das leichteste von allen.

Herrlich ist es,
daß ich Gott danken kann
und mich freuen an seinen Taten.
Schon am Morgen spüre ich seine Güte
und bis in den Abend hinein
erlebe ich seine Treue.
Freude schenkt er mir und
genauso schwere Gedanken.
Dunkle und aussichtslose Stunden
mutet er mir zu,
aber er gibt auch Kraft, sie zu ertragen.
Er steht mir zur Seite in meinem Leid
und weckt mir neue Hoffnung.
Er erfüllt mein Herz mit Freude
und schenkt mir Glück
und Zufriedenheit.

Spätes Glück für Pfarrer

Eine ungewöhliche Hochzeit sorgt im unterfränkischen Dorf Dettelbach für helle Aufregung. »Ganz Dettelbach steht kopf«, berichtet Gemeindepfarrer Friedrich Fleischmann.

Die Hauptperson des Aufsehens ist der 82jährige selbst: Der evangelische Geistliche hat nämlich einer 84jährigen Katholikin das Ja-Wort gegeben. Getraut wurde das späte Paar in der Dettelbacher Dorfkirche gemeinsam von einem katholischen und einem evangelischen Pfarrer. Der frischgebackene Ehemann ist offensichtlich begeistert von seiner zwei Jahre älteren Frau: »Mir hat ihr schlohweißes Haar so gefallen.«

Der 82jährige Pfarrer ist sich auch sicher, daß die nicht ganz alltägliche Ankunft im Hafen der Ehe eine himmlische Fügung ist: »Wir sind beide überzeugt, daß bei unserem Entschluß zu heiraten von ganz oben Regie geführt wurde.«

epd

16.
Du stellst meine Füße auf weiten Raum

Das könnte doch heißen: Weite Sicht – unbegrenzter Raum – Freiheit. Wie sah es da in meinem Leben aus? Da war Enge, Begrenzung, Beschränkung. Und doch ist dieses Wort aus Psalm 31 für mich zu einem Aussichtspunkt geworden, von dem aus ich mein Leben in der Vergangenheit, Gegenwart und Zukunft sehen kann. Gott hat mich in die Weite seiner Liebe und seiner Fürsorge hineingestellt. Er läßt mich die Weite seiner Vergebung erleben, und ich darf mit der Weite seiner Geduld rechnen.

Meine Gedanken gehen zurück zu dem Tag, an dem wir als junge Menschen unseren Ehebund ganz bewußt mit Gott begonnen haben. Der gemeinsame Lebensweg mit allen unseren Wünschen und Plänen lag vor uns, und in uns blieb das Staunen über Gottes Geschenk, daß aus zwei Einzelwesen eine Einheit werden durfte. Wir waren sehr glücklich. Zwei Söhne wurden uns geschenkt, als das Unfaßbare geschah. Bei meinem Mann wurde eine unheilbare Krankheit festgestellt; man gab ihm noch sechs Monate Lebenszeit. Als mir klar wurde, daß unsere Gemeinsamkeit nicht mehr existieren sollte, daß ich seine Stimme nicht mehr hören, seine Hand nicht mehr spüren, seine Fürsorge für mich und die Kinder nicht mehr fühlen sollte, war mir, als wäre ich tot. Wir waren doch erst acht Jahre verheiratet, die Kinder waren noch klein, und nun sollte alles aus sein? Ich habe erlebt, wie das Warum wie ein Vulkanausbruch aus der Tiefe des Herzens hervorbrechen kann. Trotz aller Dunkelheit in mir spürte ich eine Macht, die mich festhielt. Die Zeit des Abschiednehmens stand an. Mein Mann wollte von mir die Wahrheit über seinen Krankheitszustand wissen und ich sagte sie ihm. Die letzten drei Monate, die uns nur noch blieben, gehören zum Kostbarsten in meinem Leben. Wir haben zusammen gebetet, aus Gottes Wort immer wieder neue Kraft erhalten, wir haben unser Leben voreinander in Ordnung gebracht und alle Schuld und Versäumnisse unter die vergebende Liebe Jesu Christi gestellt. Wir haben miteinander Abendmahl gefeiert und etwas von der Herrlichkeit der Welt Gottes erleben dürfen. Auch meine und der Kinder Zukunft haben wir gemeinsam in Gottes Hände gelegt. Als die Stunde kam, in der ihn Gott zu sich holte, wußten wir beide, daß wir uns in der Welt Gottes wieder begegnen werden.

Die Trauer zu verarbeiten war ein sehr schmerzhafter Prozeß. Aber ich wußte, daß ich da durch mußte. Freunde haben für mich gebetet und Gott war mir in dieser Zeit besonders nahe. Das Zulassen von Trauer und Schmerz und das Weinen über den Verlust ist wichtig im Verarbeiten des Geschehens. Der Verlust eines geliebten Menschen gleicht einer Amputation. Nichts ist mehr so, wie es war. Immer wieder muß das Ja zu diesem Weg erkämpft werden.

Nun begann mein Leben, allein, mit zwei kleinen Kindern. An manche schlaflose Nächte und viele einsame Stunden erinnere ich mich. Mein Mann fehlte mir sehr. Aber ich machte auch wunderbare Erfahrungen mit Gott, der uns durch Turbulenzen brachte und zu seiner Verheißung stand, daß er Witwen und Waisen erhält. Gott hat mich nie enttäuscht und die Erfahrung dieses Gehaltenseins machte mich immer mutiger, ihm vollständig zu vertrauen. Schwere Zeiten können kostbare Gelegenheiten sein, in die fürsorgenden und liebevollen Arme Gottes hineinzuwachsen. Er gab mir einen Arbeitsplatz, denn ich mußte nun für unseren Lebensunterhalt sorgen. Er schenkte uns eine Gemeinde, die uns aufnahm, in der ich mit meinen Gaben mitarbeiten konnte und er stellte mir Menschen zur Seite, die mir mit Rat und Tat halfen. Die Kinder wuchsen heran, Studium und Berufsausbildung waren abgeschlossen und beide verließen das »Mutterhaus«. In der Zeit der »Abnabelung« habe ich ganz besonders die tröstliche Zuwendung Gottes erfahren.

Mein Leben verlief nun in ruhigen und vertrauten Geleisen. 22 Jahre Witwenschaft lagen hinter mir, ich hatte einen guten Arbeitsplatz, wunderbare Freunde, eine Gemeinde, in der ich an verantwortungsvoller Stelle mitarbeitete und ich hatte immer wieder die Freude, meine Erfahrungen mit Gott an andere Menschen weiterzugeben. Und dann griff Gott auf neue Weise in die Speichen meines Lebensrades ein und brachte mich auf neuen Kurs. Mir begegnete der Mann, mit dem ich jetzt verheiratet bin. Wir hatten beide diesen Weg nicht gesucht. Aber Gott geht Wege mit uns, auf die wir uns nur in einem Vertrauen einlassen können, das über alle menschliche Vernunft geht. Widerstände und viele Vorbehalte räumte Gott aus dem Weg. Und in unserem Ringen, ob dies der rechte Weg sei, gab er uns die Antwort. Mit dieser Antwort konnten wir uns auf den gemeinsamen Lebensweg machen. Ich verließ meinen Wohnort, meinen Arbeitsplatz, meine Freunde und die Gemeinde und zog zu meinem Mann. Manche bange Frage überfiel mich. Mein Mann war eine Generation älter als ich. Konnte das gut gehen? Verkrafte ich das Herausgenommensein aus meinem geliebten Lebensbereich? Gott gab eine völlig überraschende Antwort. Er schenkte uns große menschliche Liebe zueinander. Wir konnten nur staunen. Und wenn man liebt, werden viele Fragen gegenstandslos. Unser gemeinsamer Lebensweg begann mit dem Wort aus Psalm 40,3 b und 4. »... und stellte meine Füße auf einen Fels, daß ich sicher treten kann; er hat mir ein neues Lied in meinen Mund gegeben, zu loben unseren Gott«.

Zwei Menschen, die unabhängig voneinander ein Leben mit unterschiedlichen Führungen hinter sich haben, wollen nun miteinander einen gemeinsamen Weg gehen. Und wieder kamen Fragen in mir auf. Blieb meine Selbständigkeit auf der Strecke? Verlor ich, wenn ich gab?

Ich fand die Antwort. Ich kann lieben und geben, weil ich von Gott geliebt bin und er mich beschenkt. Ich sehe das Ziel für den anderen und schaffe ihm den Raum der Freiheit, in dem er leben kann.

Natürlich gibt es Spannungen in unserer Ehe. Es ist sehr wichtig, daß jeder bereit ist, sich korrigieren zu lassen. Unsere Belastbarkeit hängt in erster Linie von unserer Hingabe zu Jesus ab und nicht von unserer eigenen Kraft. Da wo wir unsere Grenzen erreicht haben, können wir mit Gott über Mauern springen. Mit Spannungen leben heißt, mit Gottes Verheißungen zu leben und zu rechnen: »Siehe, ich bin bei euch alle Tage bis an der Welt Ende« (Matthäus 28,20). Und wir leben täglich von der Vergebung, die es uns möglich macht, den Partner immer wieder neu anzunehmen.

Eine zweite Ehe kann und darf nicht die Fortsetzung der ersten Ehe sein. Sie ist Geschenk und Aufgabe in einem neuen Miteinander. Zu den Chancen einer Ehe, die in reifen Jahren gelebt wird, gehört, daß man sich bewußter auf den Partner einstellen kann. Viele Aufgaben der früheren Jahre fallen weg. Wir können die gesammelten Lebenserfahrungen füreinander fruchtbar werden lassen. Das Wissen um die zeitliche Begrenzung unserer Ehe führt uns in ein intensiveres Erleben hinein. »Daß uns werde klein das Kleine und das Große groß erscheine« – ein Gedanke, der uns wichtig geworden ist. Ich kann von den geistlichen Erfahrungen meines Mannes viel lernen. Mein Leben wird bereichert mit Erkenntnissen, die ich übernehmen darf. Sie helfen mir in den Aufgaben, die mir Gott zuteilt. Unsere Ehe ist eine Lebens- und Dienstgemeinschaft geworden. Zu den beglückenden Erfahrungen unserer Ehe gehört zu erleben, wie Gott Menschen verändert. Für diese Erfahrung ist man nie zu alt. Für dieses erfüllte Leben danken wir Gott, der uns »... ein neues Lied in unseren Mund gegeben hat, zu loben unseren Gott«. Und wenn der Radius unseres Lebens auch immer kleiner wird, der Horizont unseres Lebens wird weiter.

Margot Braun

… was wünscht sich eine Frau am allermeisten von ihrem Mann im fünften, sechsten und siebten Lebensjahrzehnt? Sie möchte und braucht unvermindert die Gewissheit seiner Liebe und Wertschätzung, die sie sich in jungen Jahren von ihm ersehnt hat. Das ist das Schöne an der verbindlichen Liebe, die sich als eine lebenslängliche Hingabe versteht.
Mann und Frau können die guten wie die schlechten Zeiten als Freunde und Verbündete gemeinsam durchstehen.

James Dobson

James Dobson
Das sollst du über mich wissen … Schulte u. Gerth '92, S. 196

17.
Lebensstufen

Leben ist Bewegung und Veränderung,
ist Höhenunterschiede zu bewältigen.
Stufen führen hinauf und hinab
zu Höhepunkten und Tiefpunkten,
verändern unseren Standort,
unsere Perspektive und unseren Lebensraum.
Stufen zu beschreiten und zu überwinden
erfordert Energie und Mut.
Manchmal fühlen wir uns so stark,
mehrere Stufen auf einmal zu nehmen,
ein andermal ist uns jede kleine Veränderung
eine zu große Herausforderung und Belastung.
Immer wieder gilt es,
Gewohntes zu verlassen,
Neuland zu wagen,
Entscheidungen zu treffen.
Stufen zu überwinden hat ein Ziel
und führt zu neuen Erfahrungen
und Einsichten.
Durch den, der gesagt hat
»Ich bin bei euch alle Tage«
wissen wir, daß wir heute und morgen,
auch beim Durchleben und Bewältigen
von unterschiedlichen Lebenssituationen,
und auch beim Betreten der letzten Stufen
nicht allein gelassen sind.

Jakob Abrell

18.
Rückblick einer Single-Seniorin

Während ich das Wort »Single-Seniorin« niederschreibe, muß ich ein wenig schmunzeln. So nennt sich also der Stand, in dem ich mich befinde: Eine alleinstehende Frau, die das Rentenalter erreicht hat und zu den Senioren gezählt wird.

Ich kann das so stehen lassen und gehöre nicht zu denen, die auf den Begriff »Jung-Seniorin« Wert legen oder den Beginn des Senioren-Seins auf ein späteres Alter verlegen möchten. Warum fällt es manchen so schwer, den Tatbestand des Älterseins anzunehmen? Liegen vielleicht Ängste zugrunde? Angst, abgeschoben zu werden, weil man nicht mehr so mithalten kann? Angst, nicht mehr all das erreichen zu können, was man aus Zeit- oder Geldmangel auf später verschoben hat? Oder ist es ganz einfach die natürliche Angst vor dem Abbau? Älter werden möchten schließlich viele, aber nicht alt sein. Oder fehlt ganz einfach die Bereitschaft, Liebgewordenes loszulassen und neue Situationen anzunehmen?

Als ich ein junges Mädchen war, sprach man nicht von »Singles« sondern von »Ledigen«. Ich meinerseits hatte nicht den Vorsatz gefaßt, ledig zu bleiben. Ich konnte mir gut vorstellen, Mutter mehrerer Kinder zu sein. Auch spielte ich mit dem Gedanken, Kinder in einem Kinderheim zu betreuen. Für mich war alles offen: heiraten oder ledig bleiben.

Als ich mich Anfang zwanzig in den Dienst Jesu gerufen wußte und meine Bereitschaft wuchs, einen Dienst an Menschen zu tun – vielleicht in der äußeren Mission oder im diakonischen Bereich – durchlebte ich eine starke Auseinandersetzung mit der Frage: Heiraten oder allein bleiben? Und diese Auseinandersetzung war gut. Durch die Beschäftigung mit dieser Frage und beim Bibellesen wurde mir deutlich, daß es im Leben einer Frau beide Möglichkeiten geben kann. Ich wurde bereit, meinen Weg in eine Arbeit, die viel Engagement fordert, als ledige Frau zu gehen.

Ich bin dankbar, daß diese Grundsatzüberlegung bereits am Anfang eines neuen Lebensabschnittes stand. Sie hat mir im Laufe der Jahre vieles erleichtert und mich gewiß gemacht, richtig entschieden zu haben. Eine ausgeweitete Reisetätigkeit, wie sie mein Beruf erfordert, ist nicht mit den Verpflichtungen in einer Familie zu vereinbaren. Es war ohnehin schon schwierig, meine berufliche Aufgabe zu erfüllen, als die Eltern krank wurden und Betreuung brauchten.

In dieser Zeit war es besonders wichtig, gute Beziehungen zu Freunden und Verwandten zu haben, die mir zur Seite standen. In den Jahren der Doppelbelastung durch die Betreuung meiner Eltern und meine Berufstätigkeit war Verzicht auf persönliche Interessen wie längerer Urlaub, Reisen usw. notwendig, obwohl Entspannung bei den vielfältigen Anforderungen gerade da oft nötig gewesen wäre. In jener Zeit habe ich besondere Erfahrungen gemacht, die ich bis dahin so nicht kannte: Kurze Entspannungspausen wurden ganz anders genossen, kleine Freuden dankbar registriert. Vor allem habe ich in den Begegnungen mit Gott in seinem

Wort und im Gebet immer wieder neue Kraft erhalten und Ermutigung erfahren. Im Nachhinein kann ich dankbar feststellen, daß ich durch meine Beziehung zu Gott davor bewahrt worden bin, zu resignieren oder in Selbstmitleid zu geraten. Vieles, was in den Zeiten besonderer Anspannung nicht möglich war, konnte in späteren Jahren noch nachgeholt werden.

Wer als Alleinlebende solche Phasen durchlebt, wird rechtzeitig lernen müssen, sich selbst einzuschätzen und seinen Alltag zu gestalten. Wenn erst ein Tief erreicht ist, fehlt dazu die Kraft. Von außen kommt selten ein Vorschlag, denn wer weiß schon, was im privaten Bereich an Verpflichtungen da ist. Das können nur Nahestehende ermessen. Ganz besonders gilt dies für die Zeit der Umstellung in der Lebensmitte – für viele Frauen ein gefürchtetes »Gespenst« in ihrem Leben. Sicher sind diese Zeiten zu Hause in vertrauter Umgebung etwas leichter zu ertragen. Aber auch in diesen Jahren habe ich viel Durchhilfe erlebt und erfahren, was ein Frauenarzt als Tatsache bemerkte: daß jede Frau selbst dazu beitragen kann, diese Umstellung zu erschweren oder zu erleichtern.

Allerdings ist es auch nötig, sich denen mitzuteilen, die echtes Interesse zeigen. Wer nur schweigt und dabei leidet, ist selbst schuld, wenn niemand Anteil nimmt. Ganz gefährlich ist der Satz »mich versteht ja keiner«. Wer sich dies einredet, ist für jeden Vorschlag verschlossen und verschlimmert seine eigene Lage. Und das gilt nicht nur für Ledige.

In Gruppen und Gemeinden sollte es Gelegenheiten geben, wo Freuden und Sorgen sowohl der Familien als auch der Alleinstehenden in offener Atmosphäre bei gleichzeitiger Verschwiegenheit mitgeteilt werden können und umbetet werden.

Früher, als ich selbst nebenberuflich in meiner Gemeinde aktiv war, kannte ich viele Gemeindemitglieder. Durch meine Reisetätigkeit wurde es jedoch zunehmend schwieriger, kontinuierlich am Gemeindeleben teilzunehmen. Um mich nicht nur als Gast zu fühlen, habe ich mich bemüht, soweit es irgend möglich war, Gemeindeveranstaltungen regelmäßig zu besuchen. Das erforderte oft, mich aufzuraffen, wenn ich eigentlich schon müde war. In den meisten Fällen aber war ich danach froh und gestärkt durch die Gemeinschaft mit anderen Christen.

Freundschaften habe ich immer sehr genossen und dies nicht nur mit Ledigen, sondern auch mit Familien. Leider konnten sie nicht sehr intensiv gepflegt werden. Telefonate und Briefe waren uns aber wichtig. Sehr oft haben wir gemeinsame Aktionen gestaltet und uns gegenseitig unterstützt. Urlaubsreisen waren Höhepunkte. Unvergeßlich bleiben mir Besuchsreisen bei Freunden auf dem Missionsfeld in Asien und Brasilien. Einblick in die verschiedenen Kulturen anderer Völker zu gewinnen, hat mich bereichert und für den eigenen Dienst motiviert.

Auf die ruhigere Zeit ab 60 habe ich mich schon vorher gefreut und auch Pläne geschmiedet. Dabei standen sowohl Hobbies als auch private Reisen und Besuche auf dem Programm. Auch in der Gemeinde sah ich einige Aufgaben vor meinem inneren Auge. Aber dann kam es ganz anders:

Da ich an bestimmten Lebensabschnitten sehr deutlich Gottes Wegweisung erfahren habe, war es mir wichtig, auch diesen Lebensabschnitt Gott anzubefehlen und nicht nur meinen Plänen zu folgen. Die Wende in unserem Land war dann auch eine »Wende« in meinen Gedanken. Mir war bekannt, daß der Bibellesebund (ein Missionswerk, das sich bemüht, die Bibel bekannt und verstehbar zu machen) im Ostteil unseres Landes, der bis dahin für diese Arbeit kaum offen war, intensiv arbeiten wollte. Und im Wissen darum wurde mir klar, daß ich mich mit meiner Kraft und mit meinen persönlichen Erfahrungen noch einbringen konnte. Mein Angebot, ehrenamtlich tätig zu werden, wurde dankbar angenommen. Ermutigt wurde ich zu meinem Vorhaben, als eine jüngere Freundin bereit war, ihren Arbeitsplatz zu wechseln und mit mir zu ziehen, um in den neuen Bundesländern tätig zu sein. Zwei Jahre nach der Einheit sind wir nach Thüringen gezogen, und wir erleben es als positiv, zu zweit zu sein.

Seit Jahren bewegt mich der Vergleich des Schweizer Therapeuten Paul Tournier, der für die Lebensalter das Bild des Trapez-Sportes gebraucht. Es gilt, rechtzeitig loszulassen und dann neu zu ergreifen. Dieses Loslassen ist, wie das Ergreifen, eine Übung, die sich durch unser ganzes Leben zieht. In diesem Prozeß gibt es Verlust, Verzicht, auch Tränen, aber im Ergreifen neuer Situationen fehlt es nicht an Durchhilfe, Stärkung und Freude. Und schließlich dürfen wir gewiß sein, daß unser Herr, dem wir unser Leben anvertraut haben, die frohen wie auch die notvollen Stunden unseres Lebens überwacht und uns trägt.

Else Diehl

Wer es frühzeitig lernt und übt,
von einem Zeitraum zum anderen
heiter und gelassen weiterzuschreiten,
dem wird auch der Schritt ins Alter
ohne große Not gelingen.

Altwerden heißt loslassen,
heißt zurücktreten können
und anderen den Platz freimachen.
Wer sich frühzeitig daran gewöhnt,
sich nicht für unersetzlich zu halten,
dem wird der Altersverzicht nicht
allzu schwer fallen;
wer sich selbst dauernd überbewertet,
dem wird es sauer werden,
die Entsagung anzunehmen,
die der Herbst und Winter des Lebens
uns abverlangt.

Wenn sie gleich alt werden,
werden sie dennoch blühen,
fruchtbar und frisch sein.

Psalm 92,5

19. Entwicklung geht weiter

Viele Modelle der Persönlichkeitsreifung scheinen im wesentlichen davon auszugehen, daß mit dem Erreichen des Erwachsenenalters die Entwicklung der Persönlichkeit abgeschlossen ist. In einer gewissen Weise scheint das auch die Bibel so zu sehen: »Erziehe den Knaben seinem Wege gemäß; er wird nicht davon weichen, auch wenn er alt wird« (Sprüche 22,6).

Trotzdem gibt es auch auf dem weiteren Weg wichtige Reifungsaufgaben, die der Mensch mehr oder weniger gut bewältigt. Dazu gehören z. B. das Gründen einer eigenen Familie und das Bewältigen der damit verbundenen Verzichte, das Einleben in den Beruf, das Umgehen mit biologischen Veränderungen wie z. B. den Wechseljahren, das Abgeben von Verantwortung im Alter und letztlich auch das Umgehen mit dem eigenen Sterben.

Dabei legt die frühere Entwicklung eine Basis, die aber weder den Mißerfolg noch den Erfolg der weiteren Reifungsschritte garantiert.

Ein Mann sagt im Rahmen einer psychotherapeutischen Behandlung: »Wissen Sie, bei mir kann das nichts werden, weil mir einfach das Urvertrauen fehlt … und das kann man ja auch nicht nachholen.« Eine solche Festschreibung ist nie sinnvoll.

Erstens sind solche eindeutigen Kausalzusammenhänge zwischen Kindheit und Erwachsenenalter nicht erwiesen. Im Gegenteil, es zeigt sich, daß die frühkindliche Umgebung nur einer von mehreren Faktoren sein kann.

Zweitens ist das »Schwarz-Weiß-Denken«, das durch solche Überzeugungen gefördert wird, nicht hilfreich. Um im Beispiel zu bleiben: Wenn es so etwas wie »Urvertrauen« gibt, dann hat man davon mehr oder weniger – nicht alles oder nichts.

Die kindliche Entwicklung ist also nicht alleinbestimmend für spätere Lebensbewältigung. Seelische Reife bedeutet immer, Verantwortung für die eigene Existenz zu übernehmen und nicht an den Defiziten der Vergangenheit festzuhalten.

Ulrich Giesekus

Das Alter ist nicht die schönste Lebenszeit.
Aber es ist ein schöner,
den anderen Lebensaltern ebenbürtiger Lebensabschnitt.
Sich in diesem Bezirk einzurichten,
ist eine neue Aufgabe,
weil die Lebensverlängerung und Lebenserweiterung neu ist.

Walther von Hollander

Älterwerden – eine Bewährungsprobe

20.
Brief an eine Freundin

Liebe Dorothee!

Vor wenigen Wochen erhielt ich Deine hübsche Karte zu meinem 59. Geburtstag, für die ich Dir herzlich danke. Ich mache mir zur Zeit bewußt, daß ich in knapp einem Jahr zu den Rentnerinnen gehören werde. Du kennst ja meinen lieben Mann und weißt, daß er etliche Jahre älter ist als ich. Insofern müßten wir uns eigentlich im Ruhestand befinden. Du und Dein Mann, Ihr seid noch jünger als wir, drei Eurer Kinder sind bereits verheiratet. Unsere vier Kinder dagegen sind teilweise noch am Studieren und wohnen zu Hause. Es ist ein Kommen und Gehen. Da fühlt man sich manchmal wie in einem Taubenschlag. So ist für mich als Hausfrau noch längst kein »Ruhestand« eingetreten. Es ist aber auch schön, oft junge Leute um sich zu haben, die erwachsenen Kinder mit ihren Freunden zu bewirten, mit ihnen zu reden und auch manchmal zu spielen. Diese Erfahrung hast Du mit Deinen fünf Kindern ja auch gemacht.

Kannst Du Dich daran erinnern, daß unser geistig behinderter ältester Sohn in seinen ersten zehn Lebensjahren ganz bei uns zu Hause war? Erst dann kam er in die Heil- und Pflegeanstalt, wo er nun schon seit zwanzig Jahren auf eine Weise gefördert wird, wie es daheim einfach nicht möglich wäre. Dort besuchen wir ihn sehr oft. Doch wie freut er sich, wenn er auch zu uns nach Hause kommen darf! Er hängt unbeschreiblich an uns Eltern und seinen Geschwistern. Da fällt der Abschied immer so schwer – für beide Seiten.

Liebe Dorothee, ich muß Dir gestehen: Die Gedanken an die Zukunft im Blick auf dieses Kind können ganz schön beschwerlich sein. Vor allem deshalb, weil sein geliebter Papa seine Hauptbezugsperson ist und in schwierigen Situationen als einziger der Familie mit ihm fertig wird. Da kannst Du Dir vorstellen, daß man Gedanken an einen eventuellen Tod des Vaters weit von sich schieben möchte. Es ist menschlich nicht vorstellbar, daß unser Junge seinen Papa nicht mehr hat und auch nicht mehr nach Hause kommen kann. Andererseits sind wir Gott und auch unserem Staat gegenüber sehr dankbar, daß unser Sohn lebenslang versorgt sein wird.

Wenn ich in diesen Sorgen nicht auf Jesus vertrauen könnte ...! Ich weiß, daß ER hört, wenn ich IHN darum bitte, es mit unserer Zukunft und unserem Ende wohl zu machen. Kannst Du Dir vorstellen, wie oft ich diese sorgenden Gedanken schon im Gebet ausgesprochen habe? Dadurch werde ich ruhig und bekomme neue Zuversicht.

Beim Lesen in der Bibel hat mich ein Satz sehr ermutigt:

»Auch bis in Euer Alter bin ich derselbe, und ich will euch tragen, bis ihr grau werdet. Ich habe es getan; ich will heben und tragen und erretten.« (Jesaja 46,4) Der Gott, den wir in unseren jungen Jahren kennengelernt haben, bleibt derselbe, auch wenn wir älter werden.

Da ich Dich kenne, weiß ich, daß Du diese Erfahrung im Umgang mit anderen Nöten und Schwierigkeiten auch schon lange gemacht hast. Der Glaube an diesen lebendigen Gott schenkt uns Mut, zum Älterwerden bewußt ja zu sagen. Und es hat ja auch seine positiven Seiten, wenn berufliche Pflichten nicht mehr unerbittlich rufen; wir in der Regel morgens nicht mehr so früh aufstehen müssen; der Ehemann als Ruheständler so manche Aufgaben übernehmen kann; die Beziehung zu Freunden und Verwandten neu gepflegt werden kann; Aufgaben wahrgenommen werden können, zu denen vorher die Zeit einfach nicht reichte; unsere Kinder, denen wir in Hilflosigkeit und Krankheit beigestanden sind, nun ihrerseits Verständnis für unsere Schwachheiten und Begrenzungen haben; Wunder Gottes, wie wir sie in den vergangenen Jahren erlebten, auch in der uns bevorstehenden Zeit erfahrbar sein werden.

Wieviel könnte ich noch aufzählen, wofür ich Gott danken kann!

Kommt doch einfach wieder einmal vorbei. Dann nehmen wir uns Zeit, um mehr miteinander zu reden.

Gott segne Euch alle!
Ganz liebe Grüße
Deine Ilse

Ilse Hahn

Herr,
ich will nicht darüber jammern,
was ich nicht mehr kann
und nicht mehr habe,
sondern mich darüber freuen,
was hinter mir und vor mir
liegt.

KURT ROMMEL

Das Altern ist die schwerste
Schule des Lebens.
Darin müssen wir lernen,
unser Ich mehr und mehr in
den Tod zu geben.

ARTHUR MADER

21.
Ruhestand durchkreuzt – was nun?

Fast bin ich erstaunt, daß mein Mann schon beginnt, die Tage bis zum Ruhestand zu zählen, wo doch noch beinahe ein Jahr dazwischen liegt. Mit ganzem Einsatz seiner Kräfte hat er in all den Jahren das verantwortungsvolle Amt des Richters wahrgenommen. Wird es ihm nicht schwerfallen, dieses Amt bald ganz aus der Hand zu geben? Ob er sich überhaupt von seinem hellen Amtszimmer mit dem vertrauten Blick auf Garten, Schloß und Kirchturm trennen kann?

Und wie wird es erst unseren Kindern gehen, die in dem großzügigen Gerichtsgebäude und dem weitläufigen Garten aufgewachsen sind und so sehr an unserem reizvollen Städtchen hängen? Ganz zu schweigen von dem Leben in der Gemeinde, mit dem unsere Familie in jeder Altersstufe so eng verbunden war.

Ich selber schiebe den Gedanken noch weit von mir, in absehbarer Zeit viel Liebgewordenes verlassen zu müssen, vor allem die unmittelbare Erinnerung an unsagbar schöne Zeiten, die wir mit unseren sieben Kindern während 26 Jahren hier erlebt haben.

Ja, und nun i s t es soweit! Wir sind im Ruhestand! Ein neuer Abschnitt unseres gemeinsamen Lebens hat begonnen.

Für die inzwischen klein gewordene Restfamilie, bestehend aus uns Eltern und den beiden studierenden Jüngsten, ist es schön, den Vater so in der Nähe zu haben.

Er ist nun viel öfter zu Hause. Zwischendurch kann man ihn bei der Arbeit am Schreibtisch kurz »stören«, um ihn etwas zu fragen oder etwas mit ihm zu besprechen.

Ich sehe es als ein Geschenk an, nun miteinander im Ruhestand sein zu dürfen, mehr Zeit füreinander und auch mehr Zeit der Stille vor Gott zu haben. Oft sagt mein Mann ganz unvermittelt: »Wir haben's doch schön!« So sind wir dankbar, daß uns Gott in der neuen schönen Wohnung viele ausgefüllte Tage schenkt. Manch einer unserer lieben Bekannten hatte meinen Mann freundlich davor gewarnt, nach langjähriger Berufstätigkeit nicht in ein Loch zu fallen, besonders dann, wenn man kein Hobby habe.

Nun, davon kann bei uns keine Rede sein, denn weder meinem Mann noch mir wird es auch nur eine Sekunde langweilig – im Gegenteil! Selbst im »Ruhestand« scheinen die Tage viel zu kurz zu sein.

Allmählich reiht sich ein Termin an den andern. Die Telefonanrufe häufen sich: »Herr Eißler, Sie sind doch jetzt im Ruhestand, Sie haben doch Zeit, könnten Sie nicht …?« So kommt es immer öfter vor, daß mein Mann da- und dorthin unterwegs ist. Und wenn er nicht unterwegs ist, dann warten zu Hause Stöße von Briefen oder anfallende Erledigungen. Aus dem Ruhe-Stand wird zunehmend ein Unruhe-Stand, der mir ein bißchen Sorge macht. Jedoch kann mich mein Mann beruhigen, indem er mir versichert, er mache das alles gern, und er freue sich, daß er noch gebraucht würde.

Plötzlich geschieht etwas, womit keiner gerechnet hatte: An einem sonnigen Oktobertag bekommt mein Mann einen Gehirninfarkt! Er wird zur Beobachtung ins Krankenhaus überwiesen, weil mit einer möglichen

Nachblutung gerechnet werden muß. Da mein Mann seit einer schweren Herzoperation vor 15 Jahren unter Marcumar steht, ist die Einstellung des Quickwertes in diesem Fall eine riskante Angelegenheit.

Wir sind zunächst erschreckt und verwirrt. Unwillkürlich schiebt sich die Frage in mein Bewußtsein: »Warum muß das uns passieren? Und warum gerade jetzt, wo doch zur Zeit keines der Kinder im Haus ist, ich also keine Ansprache habe und auch keine direkte Hilfe erwarten kann?«

Aber die innere Ruhe, die mein Mann vom Krankenbett ausstrahlt, geht auf mich über, und ich spüre erneut diesen wunderbaren Frieden, der uns beide schon in mancher kritischen Situation umgeben hat. Und wir dürfen im Gebet die tröstliche Erfahrung machen, daß der Vater im Himmel, der uns diese Last des Bangens und Sorgens auferlegt hat, uns mitsamt der Last trägt und unser Herz still macht.

Wie gut ist es jetzt für uns, eine große Kinder- und Geschwisterschar aus der nächsten Verwandtschaft um uns zu wissen, der wir die neue Sorge sofort mitteilen und ans Herz legen können. Auch nehmen viele liebe Freunde, die uns im Glauben verbunden sind, unsere Not spontan in ihre Gebete auf und tragen entscheidend dazu bei, daß mein Mann und ich im Vertrauen zu unserem treuen Herrn gestärkt werden, der wohl weiß, was er mit uns vorhat und wozu das alles gut sein soll.

Wir haben allerdings auch Grund zu großer Dankbarkeit, denn mein Mann hat – selbst zum Erstaunen der Ärzte – keine schwerwiegenden Ausfälle wie etwa Lähmungserscheinungen oder Schwierigkeiten beim Sprechen.

Allerdings ist sein Sehvermögen stark beeinträchtigt. Und dennoch sind wir Gott von Herzen dankbar, daß mein Mann schon nach kurzer Zeit wieder aus dem Krankenhaus entlassen werden kann. Im Haus kann er sich frei bewegen, die Kraft kehrt langsam zurück, und auch an seinem Schreibtisch kann er wieder einige Arbeiten aufnehmen. Eine gravierende Einschränkung seiner Bewegungsfreiheit bleibt, daß er nicht mehr Auto fahren darf. Es rührt mich immer wieder sehr, wie geduldig und mit welch echter Demut er diese Begrenzung annimmt. Er verliert darüber kaum ein Wort, sondern meint höchstens, wie leid es ihm tue, immer wieder jemanden bemühen zu müssen, der ihn da- und dorthin fährt.

Wieder betreten wir Neuland. Ist es nicht erst ein gutes Jahr her, daß wir so froh den Ruhestand begonnen haben? Wurde dieser ersehnte Ruhestand nicht allzu früh durchkreuzt?!

In dem Wort »durchkreuzt« steckt das Wort »Kreuz«. Auf einmal sehe ich das schreckliche, drohende Kreuz aus rohen Holzbalken vor mir, das Jesus an jenem ersten Karfreitag auf seinem gemarterten Rücken vor die Tore Jerusalems trägt ... Er, der Sündlose, der Herr aller Herren, der König aller Könige, ließ sich in tiefster Demut und totaler Hingabe sein Leben vom Vater willig »durchkreuzen« – für mich, für meine Schuld, für alle, die ihm ihr Leben im Glauben übergeben.

Wir ahnen etwas davon, was es heißt, auch in der Nachfolge Jesu ein Kreuz auf sich zu nehmen und darunter auszuharren. Mein Mann und ich spüren, daß wir ganz und gar auf Gottes gnädige Bewahrung und seine freundliche Führung in unserem Leben angewiesen sind. Und wir wissen auch, daß nichts und niemand uns von der Liebe Gottes scheiden kann.

So möchten wir zu der Begrenztheit unseres Lebens ein Ja finden und dankbar jeden neuen Tag als ein kostbares Geschenk aus der Hand unseres geliebten Herrn nehmen.

Dieses ganze Geschehen steht für uns unter dem tröstlichen Wort aus Römer 8,28:

»Wir wissen aber, daß denen, die Gott lieben, alle Dinge zum Besten dienen.«

Renate Eißler

22.
Der Ruhestand muß keine Katastrophe sein

»Füge deinem Leben nicht nur Jahre zu, sondern füge deinen Jahren auch Leben zu.« (Kalenderweisheit)

– Wie kann ich / können wir die im Ruhestand zur Verfügung stehende Zeit ordnen?
  - gemeinsame und getrennte Arbeitszeiten
  - gemeinsame, entspannte Freiräume und freie Zeit, in der jeder auch für sich sein kann

  Manche/r Pensionierte/r wundert sich, woher sie/er einst die Zeit zur Arbeit nahm.
– Wie gehen wir mit unseren Erwartungen um: alleine, in der Ehe, im Umgang mit Kindern und Freunden, ohne uns gegenseitig unnötig zu enttäuschen?
– Kann ich offen über meine Wünsche und Bedürfnisse sprechen?
– Wenn die Anerkennung im Beruf wegfällt, muß eine neue Identität gefunden werden, die sich unabhängig von der Leistung macht. In diesem Prozeß baut Ermutigung auf.

  »Nicht die Leistungsbilanz zählt bei Gott, sondern die Lebensbilanz.« (R. Abeln / A. Kner)
– Das Motto einer Handwerkergruppe lautet:

  »Wer die Arbeit hinter sich hat, muß eine Aufgabe vor sich haben.«

  Das gilt für den Abschluß der »Erziehungsarbeit« ebenso wie für das »Berufsende«, das bei einer Zwangspensionierung vorverlegt ist.

Wenn der Beruf seither Lebensmitte war, was wird nun die Lebensmitte?
Wofür, für welche Ziele setze ich meine zur Verfügung stehenden Kräfte ein: Zu Hause, in der Gemeinde, in anderen Gruppen und Institutionen?
Ein Geheimtip für Männer:
»Weise ist,
wer die Einkaufswege nicht als demütigend empfindet, sondern sie nutzt zu Gesprächen und Kontakten unterwegs und sie ansieht als Liebesdienst für die eigene Frau.« (Kurt Rommel)

- Durch das Ausscheiden aus dem Beruf werden manche soziale Kontakte gelöst. Wie sieht mein / unser Beziehungsnetz aus? Wo muß ich / müssen wir ganz neu Initiative nach außen hin ergreifen?
- Wenn in einer Ehe der pensionierte Partner um einige Jahre älter ist, ist es wichtig, sich im gegenseitigen Verstehen, im Aufeinander-Rücksichtnehmen und auch im Kompromißschließen einzuüben.
- Zum Nachdenken:
  - Werde ich / werden wir in meiner / unserer vertrauten Umgebung wohnen bleiben oder muß ich / müssen wir rechtzeitig nach einer neuen Heimat Ausschau halten?
  - Werde ich / werden wir finanziell auskommen? Wie kann die Beziehung zu unseren Enkelkindern gestaltet werden? Haben wir darüber schon mit unseren Kindern gesprochen?
  - Wie werde ich / wir meinen / unseren Nachlaß regeln, damit die Erben entlastet werden?
- Zeiten des Rückzugs und der Ruhe bieten Gelegenheit zur Besinnung – auch eine Möglichkeit, um Ver-

gangenheit aufzuarbeiten bzw. aufzuräumen. Gespräche mit Christen, Bibellesen, Reden mit Gott, Gottesdienstbesuch, Anschluß an einen Kreis in der Gemeinde können hilfreiche Anstöße geben.

– Bei aller Vorsorge und Fürsorge bleibt letztlich entlastend, was Jesus uns zusagt:
»Trachtet zuerst nach dem Reich Gottes und nach seiner Gerechtigkeit, so wird euch das alles zufallen. Darum sorgt nicht für morgen, denn der morgige Tag wird für das Seine sorgen. Es ist genug, daß jeder Tag seine eigene Plage hat.«
Matthäus 6,33+34

Gerdi Stoll

Ich brauche nur noch am Schreibtisch zu sitzen,
wenn mich die unbändige Lust zu arbeiten überfällt.
Ich reise nicht mehr zu geschwätzigen Konferenzen.
Ich brauche nichts zu werden. Nichts zu erreichen.
Niemand braucht mich gut zu finden.

Was ich tat, tun nun die Jungen.
Sie machen fast alles anders. Gut.
Ich habe seinerzeit auch fast alles anders gemacht
als die Alten. Ich wünsche ihnen ein gesegnetes Tun
und Gottes Beistand.

Aber ich? Ich darf einfach »sein«.
Ist das nichts? Ich gedenke, es zu genießen,
solange Gott mir seine Sonne scheinen läßt.

Ich werde vor dem Haus meiner Seele sitzen.
Die Figuren meiner Phantasie
streifen durch den Garten.
Die Gestalten meiner Erinnerung gehen aus und ein
und reden mit mir über längst Gewesenes.

Ich schaue den Bäumen zu, wie sie ausschlagen,
wie die Blätter fallen, wie Schnee sie deckt,
wie sie wieder grünen. Und allmählich wachsen.
Ich werde gerne alt
und danke Gott für jeden Tag.

JÖRG ZINK

23.
Entdeckung im Altersheim

»Alles in Ordnung«, sagt mein Kameramann, »wir können loslegen ...« Die Kamera ist aufgebaut, das Licht installiert, die Mikrofone aufgestellt. Die kleine Wohnstube im Altenheim hat sich zum Fernsehstudio gewandelt. Was fehlt, ist die Hauptperson. Da öffnet sich die Tür. Ein kerzengerader, weißhaariger Mann am Gehstock betritt das Zimmer. Kaum zu glauben: Vor uns steht der älteste Deutsche. Gerade hat er seinen 107. Geburtstag hinter sich. Niemand würde ihn auf dieses wahrhaft biblische Alter schätzen. Diese Haltung, diese Frische, diese geistige Wachheit. 107 Jahre! Die Presse hat groß berichtet. Die vielen Glückwunschschreiben liegen noch auf dem Tisch.

Jetzt möchte ich mit diesem greisen Professor ein Interview machen. Als ich zaghaft frage, ob ihn das ganze technische Brimborium nicht störe, winkt er ab: »Wer die 105 überschritten hat, der hat Fernseherfahrung.« Humor hat er also auch noch.

Es ist schon ein eigenartiges Gefühl, jemandem gegenüber zu sitzen, der im dritten Drittel des vorigen Jahrhunderts geboren ist. Bismarck? »Als der starb, war ich gerade 18 geworden. Natürlich kann ich mich an den noch erinnern. Ich weiß noch, wie die Zeitungen über seinen Rücktritt 1890 berichteten.« Aufgewachsen in Berlin habe er doch sicher auch den Kaiser gesehen. »Selbstverständlich. Welchen denn?« Klar, beim Tod des Ersten Wilhelm war er ja schon sieben.

Und dann sprudelt es nur so. Wilhelm II. habe er noch 1920 im niederländischen Exil Doorn besucht. Ach ja, der Erste Weltkrieg, die Weimarer Republik, die Schrecken des Dritten Reiches, der Wiederaufbau … Ein lebendes Geschichtsbuch sitzt mir gegenüber. Unser Kamerateam spürt: So etwas erlebt man nicht alle Tage. Ein seltener Höhepunkt im journalistischen Alltagsgeschäft.

Aber schnell sind wir bei der Gegenwart. »Jetzt schreibe ich gerade meine dritte Doktorarbeit. Ich bin schließlich der älteste Doktorand der Welt«, meint der Professor mit sichtlichem Stolz. 107 Jahre und wissenschaftliche Studien?! Das Zimmer ist voll von Diplomen und Ehrenurkunden. Raketen, Mondbilder, Astronauten überall. Der greise Gelehrte ist der Begründer des Weltraumrechts. In aller Welt gelten seine Arbeiten als Standardwerke. »Durch Wernher von Braun bin ich darauf gekommen. Als Jura-Professor lernte ich ihn kennen und hörte ihn über das Weltall schwärmen. Da habe ich gedacht: Das wäre doch noch eine Aufgabe für dich. Schließlich war ich da schon längst pensioniert.« Und dann habe er Wernher von Braun noch mit auf den Weg gegeben:

»Junger Mann, aus Ihnen wird noch was …«

Ob ich denn wissen will, was ihn am Weltraumforscher Wernher von Braun und am Mondfahrer Irwin am meisten beeindruckt habe? Ich bin gespannt. Und ich bin tief bewegt, als er sagt: »Beide sind bekennende Christen. Sie wissen, daß technischer Fortschritt und wissenschaftlicher Ruhm nicht alles sind. Daß Gott existiert und wir ihm unser Leben anvertrauen können.« Der greise, lebenserfahrene 107jährige fügt hinzu: »Je mehr ich mich in das Weltall hineinforschte, desto größer wurde mir die Majestät Gottes. Und um so unbegreiflicher wurde mir die Tatsache, daß dieser ewige Gott sich um mich kleinen Menschen kümmert.«

Nun sind wir bei einem Thema, mit dem ich gar nicht gerechnet hatte. Da spricht ein Mann mit einzigartiger Lebenserfahrung über seinen Glauben. Über die Kraft und Gnade Gottes. Über die Barmherzigkeit des Herrn, der durch die Wirren eines ganzen Jahrhunderts seine schützende Hand über ihm gehalten hat. Als ich schließlich frage, wie er denn so alt geworden sei, antwortet er nicht mit den üblichen Standardfloskeln »Gesund leben, mäßig trinken, nicht rauchen«, sondern: »Ja, ich habe das nicht gemacht. Das hat Gott mir geschenkt.« Und mit hintergründigem Humor fügt er hinzu: »Ich denke jetzt nicht daran, 108 Jahre alt zu werden. Ich denke daran, was Gott mit mir den Menschen zeigen will, die nach mir kommen ...«

Uns Journalisten hat dieser Nachmittag in der Wohnstube eines Altenheims viel gezeigt. Einen weisen alten Mann; fest gegründet im Glauben. Als unser technischer Assistent, der Jüngste im Team, die Kamera ins Auto packt, meint er nachdenklich:

»Ich hatte das Gefühl, als habe der alte Mann die ganze Zeit zu mir geredet. Der war nicht lebensmüde oder lebensüberdrüssig. Der war echt lebenssatt. Und das mit dem Glauben, das hat mich irgendwie berührt ...«

Einige Wochen später sitze ich im Flugzeug nach Singapur. Kurz vor der Zwischenlandung in Abu Dhabi lese ich in einer großen deutschen Sonntagszeitung. Unter der Rubrik »Personalien« steht die Schlagzeile:

»Ältester Deutscher gestorben.« 108 ist er also nicht mehr geworden. Aber er hat uns viel gezeigt. Ich schreibe es an seinen Sohn, selbst schon über 80.

Der greise Gelehrte hat das erfahren, was vielen Männern und Frauen der Bibel auch geschenkt wurde: Ein erfülltes Leben unter den Verheißungen Gottes.

Ich denke an Abraham. Sein Lebensweg beginnt mit der Zusage Gottes: »Ich will dich segnen, und du sollst ein Segen sein.« Als Abraham stirbt, lautet seine Lebensbilanz: »Er starb in einem guten Alter, als er alt und lebenssatt war.« Ob man das über meinem Leben auch einmal sagen wird?

Peter Hahne

24. Ein ganz bewußter Schritt

Rückblick auf unser Ehe- und Familienleben: Es war eine spannende und reich gefüllte Zeit. Entscheidungen gab es in Hülle und Fülle zu treffen, auf beruflicher Ebene ebenso wie im häuslichen Bereich, oder wenn es um Schul- und Ausbildungsfragen unserer fünf Kinder ging. Mut, neue Schritte zu wagen, schöpften wir, indem wir bei all unseren Überlegungen auch mit Gott im Gespräch standen. Seine Worte in der Bibel gaben uns oft Hilfestellung, wenn wir unsicher waren und nicht so recht weiterwußten.

Wie rasch das Alter an die Lebenstür anklopft, haben mein Mann und ich erfahren, als wir uns beide mehreren Operationen unterziehen mußten. In dieser Zeit wurde ich an eine Aussage in den Psalmen des Alten Testaments erinnert:

»Unser Leben währet siebzig Jahre, und wenn's hoch kommt, so sind's achtzig Jahre, und was dann köstlich scheint, ist doch nur vergebliche Mühe; denn es fähret schnell dahin, als flögen wir davon« (Psalm 90,10)

Obwohl unser Alltag nun mühsamer wurde, dachten wir nicht an eine Veränderung. Nach all unseren Vorüberlegungen war für uns klar, daß wir unseren Lebensabend zu Hause in der vertrauten Umgebung verbringen wollten.

Vor zwei Jahren planten wir einen Kurzurlaub in Herrnhut. Als jahrzehntelange Leser der Herrnhuter

Losungen interessierte uns das dortige Werk von Zinzendorf sehr. Leider mußten wir eher als vorgesehen unsere Zelte abbrechen. So suchten wir auf der Heimfahrt nochmals eine Unterkunft in einem christlichen Erholungsheim. Sollte es so sein, daß wir auf diese Weise mit einem Ehepaar am Tisch saßen, das im Begriff war, die Finanzbeteiligung an einer Altenwohnung festzumachen? Wir kamen ins Gespräch, und mein Mann, als leidenschaftlicher – wenn auch pensionierter – Architekt, interessierte sich sehr für die Pläne.

Am nächsten Morgen fand ein Gottesdienst statt, in dem ein uns bekannter Pastor predigte. Wir begrüßten uns. Zur Mittagszeit rief er uns an und lud uns ein. Ja, und dann kam die entscheidende Frage: »In dem Zentrum, das wir hier planen, wird gerade eine Seniorenwohnanlage gebaut, zwei Wohnungen sind noch frei. Das wäre doch etwas für Euch!«

Mein Mann, der es sich bisher nicht anders vorstellen konnte, als sein 1949 mit eigenen Händen erbautes Haus nur »liegend« zu verlassen, gab plötzlich zur Antwort: »Ich habe die ganze Nacht kein Auge zugetan. Ich mußte immer darüber nachdenken, was Gott uns durch die gar nicht geplanten Umstände und Begegnungen hier sagen will.« Mein Mann war wie verändert. Ich konnte nur staunend zurückfragen: »Was sagst Du?«

Nach genauem Prüfen und Überdenken haben wir unsere ursprünglichen Pläne durchkreuzen lassen. In diesem Erleben auf der Rückreise unseres Kurzurlaubs sahen wir, daß Gott uns selber eine ganz neue Tür auftun wollte. Wir waren beide offen für diesen Schritt und entschieden uns für diesen einzigartigen Weg. In den darauffolgenden Wochen und Monaten im vertrauten Haus bewegten mich schon noch so manche Fragen, u.a.:

Was ist, wenn ich Heimweh bekomme? Nicht nur nach unserer vertrauten Umgebung. Wenn wir umzögen, würden alle fünf Kinder mit ihren Familien 300 km von uns entfernt wohnen.

Ich schüttete mein Herz vor Gott aus. Und ich wurde ruhig und froh über unserer Entscheidung.

Nun kam eine Zeit des inneren Loslassens. Auch war es uns wichtig, daß die Erbangelegenheiten mit den Kindern gut und im Frieden geregelt wurden.

Mittlerweile sind wir in unsere neue Heimat umgezogen. Wir stellen fest, daß die Umstellung von einem dreistöckigen Haus auf eine Zwei-Zimmerwohnung keine Last für uns ist, sondern eher eine Erleichterung bedeutet. Unser Lebensraum ist überschaubar geworden und alles Wichtige haben wir gut untergebracht.

Die neue Wohnung ist in ein Zentrum eingebunden, zu dem einerseits das Altenheim mit Wohnungen, Appartements und Pflegeheim gehört. Andererseits schließen sich auf dem Gelände ein großes Gästehaus, mehrere Familienbungalows und ein Jugendhaus, in dem christliche Freizeiten und Schulungen stattfinden, an. Wir freuen uns an der Natur und den gepflegten Anlagen, auch in dem Bewußtsein, nun nicht mehr für die Pflege verantwortlich zu sein. In unserer neuen Umgebung fühlen wir uns nicht abgeschoben, sondern eingebunden in eine große Gemeinschaft:

Vor dem Frühstück hören wir über die hausinterne Übertragungsanlage die Morgenandacht. Anschließend haben wir viel Zeit zum Nachdenken, Lesen, Beten, Briefe schreiben, ins Freie gehen, Freunde besuchen oder auch, um unterwegs zu sein. Mittags habe ich die Möglichkeit, entweder selber zu kochen, oder aber wir melden uns im Zentrum zum Essen an. Das ist eine ganz neue und gute Erfahrung für mich, die ich jetzt im Alter schätzen lerne.

Auch Feste gehören mit in unser Alltagsprogramm, wie z. B. die Weihnachtstage. Früher verbrachten wir diese Zeit nie ohne Gäste. Das fiel mir mit zunehmendem Alter nicht mehr so leicht. Nun werden wir von der Seniorenwohnanlage eingeladen, gemeinsam mit den Bewohnern des Alten- und Pflegeheims zu feiern. Es ist etwas Großartiges, anderen Freude zu bereiten.

Wir sind Glieder einer großen Familie geworden, in der keiner ausgeschlossen ist. Wir werden hier mehr mit Leid konfrontiert als in unserer alten Heimat. Doch wollen wir dies als Teil unseres menschlichen Lebens annehmen lernen, das uns innerlich reifer macht.

Ein Liedvers hat für mich neue Bedeutung erhalten:

»Ewigkeit, in die Zeit leuchte hell hinein,
daß uns werde klein das Kleine
und das Große groß erscheine, selge Ewigkeit!«

Immer noch staunen wir über die Tür, die Gott uns aufgetan hat. Wir sind gespannt auf die nächsten Schritte ins Älterwerden hinein. Es macht Mut zu wissen: unser Gott geht mit.

Hanni Gerwig

Wir sind nicht umsonst
in diese Welt gesetzt.

Wir sollen hier reif werden
für eine andere Welt.

Matthias Claudius

An der Grenze des Lebens – mit Hoffnung leben

25. Gebet

Das Leben zu Ende zu leben ist kein Kinderspiel.
Boris Pasternak

Gott, zu Dir rufe ich in der Frühe des Tages.
Hilf mir beten
und meine Gedanken sammeln zu Dir;
ich kann es nicht allein.

In mir ist es finster, aber bei dir ist das Licht;
ich bin einsam, aber Du verläßt mich nicht;
ich bin kleinmütig, aber bei Dir ist die Hilfe;
ich bin unruhig, aber bei Dir ist der Friede;
in mir ist Bitterkeit, aber bei Dir ist die Geduld;
ich verstehe Deine Wege nicht, aber
Du weißt den Weg für mich.

Vater im Himmel,
Lob und Dank sei Dir für die Ruhe der Nacht,
Lob und Dank sei Dir für den neuen Tag.
Lob und Dank sei Dir für alle Deine Güte
und Treue in meinem vergangenen Leben.
Du hast mir viel Gutes erwiesen,
laß mich nun auch das Schwere
aus Deiner Hand hinnehmen.

Du wirst mir nicht mehr auflegen,
als ich tragen kann.
Du läßt Deinen Kindern alle Dinge zum
Besten dienen.

Dietrich Bonhoeffer

26. Interview mit einer Altenpflegerin

Schwester Sabine, Sie sind ausgebildete Altenpflegerin und gehören jetzt zum Leitungsteam einer Diakonie-Sozialstation.

Schon in jungen Jahren wurde in Ihnen die Liebe zu älteren Menschen geweckt. Wodurch wurde das ausgelöst?

Als Schülerin habe ich in meiner Heimatstadt das Evangelische Gemeindeblatt ausgetragen. Mein Bezirk war die Altstadt, das heißt: Geschäfte / Geschäftsleute und vorwiegend alte Menschen. Unter diesen alten Menschen waren ein paar, die das Blatt nicht nur in den Briefkasten gesteckt haben wollten, sondern ich mußte klingeln und es persönlich abgeben. Ich machte so regelmäßig eine interessante Erfahrung: Es wartet jemand auf mich, es freut sich jemand, mich zu sehen, ein kurzer Schwatz – erzählen und zuhören, dann geht es weiter. Ich hörte den alten Menschen gerne zu, wenn sie von ihren alltäglichen Freuden, Sorgen und Nöten erzählten. Besonders freute ich mich, wenn sie »von früher« erzählten. Die jetzige ältere Generation hat einen spannenden Teil Weltgeschichte erlebt, ganz abgesehen vom eigenen persönlichen Schicksal.

Bei einem Praktikum in einem Pflegeheim während der Schulferien »testete« ich, ob ich auch beruflich mit alten Menschen arbeiten möchte. Nach einem anfänglichen Schock gefiel es mir dann so gut, daß ich nur ungern auf die Schulbank zurückkehrte. Doch damit stand fest, daß ich bewußt Altenpflegerin werden wollte – für mich auch eine klare Entscheidung, Menschen auf ihrem letzten Weg des Lebens zu begleiten.

Ja, und nach Beendigung der Schule machte ich dann die dreijährige Ausbildung zur Altenpflegerin.

Ihre Aufgabe ist es u. a., Menschen auf der letzten Wegstrecke ihres Lebens zu begleiten.

Welche Krankheiten treten bei älteren Menschen häufig auf? Wie groß ist die Altersspanne Ihrer Patientinnen und Patienten?

Im Alter kann es sehr viele Krankheiten geben, z. B. »machen die Knochen und Gelenke nicht mehr so mit« (Osteoporose, rheumatische / arthrotische Erkrankungen), »das Herz und die Nieren schaffen es nicht mehr« (Herz- und Nierenerkrankungen), dann kann »das Gehirn verkalken« (der ganze Bereich der Demenzen), und es gibt auch die akuten Ereignisse, wie Schlaganfall, Herzinfarkt. Es gibt neurologische Erkrankungen und Stoffwechselerkrankungen, wie z. B. Diabetes mellitus, und leider erleben viele alte (und junge) Menschen »ihren« Krebs.

Bei den alten Menschen ist meist das Problem, daß mehrere Erkrankungen oder Funktionseinschränkungen des Körpers zusammentreffen, der Körper dies nicht mehr so leicht kompensieren kann und die Krankheiten oft chronisch verlaufen.

So ist der überwiegende Teil unserer Patienten/innen alt bis hochbetagt, aber wir versorgen auch Menschen, die noch jung oder mittleren Alters sind. Im Moment reicht die Spanne von 25 bis 100 Jahren.

Wenn Sie diese kranken Menschen nun zu Hause besuchen und begleiten, werden Sie oft mit dem Tod konfrontiert.

Wie bereiten Sie sich, die Betroffenen und auch deren Angehörige darauf vor?

Ich selber hatte mit 18 Jahren ein Schlüsselerlebnis, als innerhalb kurzer Zeit mehrere Klassenkameraden durch Unfälle und Krankheit starben. Damals wurde mir bewußt, daß das auch mir hätte passieren können. Seither setze ich mich in unterschiedlicher Intensität mit meiner eigenen Sterblichkeit und meinem Tod auseinander. In Gedanken spiele ich durch, wie das vielleicht sein wird. Mal habe ich Angst, mal bin ich traurig, daß dies hier nicht ewig so weitergehen wird, und ein anderes Mal kann ich Schönes gerade deswegen sehr genießen, weil es vielleicht das letzte Mal ist, daß ich es erlebe, sehe, höre, ...

In Zeiten, in denen ich meinen eigenen Tod annehmen kann und in denen ich zugleich sterbende Menschen begleite, ist diese Sterbebegleitung eine stimmige und runde Sache. Denn gerade von den Sterbenden kann ich sehr viel lernen, und meist sind sie es, die mir sehr viel geben. Sei es, daß auf einmal ganz neue Dinge wichtig werden und bislang Wichtiges zweitrangig wird. Ganze Sichtweisen ändern und verschieben sich. Oder es gibt Kämpfe und Auflehnung, aber es kann noch Friede und Ruhe gefunden werden. Wenn der Tod dann eingetreten ist, erlebe ich immer eine ganz große innere Ruhe und Frieden. Für mich sind dies wichtige Momente, in denen ich die Gewißheit zu finden glaube: »Es ist gut so – es gibt jetzt keine Schmerzen und keinen Unfrieden mehr.«

Dabei ist es mir wichtig, mir Zeit zu nehmen, um mich vorzubereiten, um mich selbst zu finden, um loszulassen und um neue Kraft zu tanken.

Was die Betroffenen und deren Angehörige anbelangt, so ist dies jedes Mal anders und neu. Jeder stirbt seinen individuellen Tod, und immer ist die Familienkonstellation und sind die Menschen, die den Sterbenden umgeben, anders – auch sind die Beziehungen unterschiedlich. Angehörige und enge Freunde / Nachbarn müssen mit ganz anderen Dingen fertig werden und sie aufarbeiten als z. B. wir Schwestern.

So ist es auch ganz unterschiedlich, ob über das Thema »Sterben – Tod«, und wenn ja, mit wem gesprochen werden kann.

Loslassen müssen in jeder Beziehung beide Teile, also der Sterbende und die Angehörigen / Freunde. Manchmal wird dies gar nicht angesprochen und jeder spielt vor dem anderen Theater oder verdrängt die Situation. Bestimmt spielen dabei die Unsicherheit, eigene Ohnmacht und die Tatsache, daß unsere Gesellschaft das Thema Tod lange Zeit völlig tabuisiert hat, eine große Rolle. Wir haben es nicht gelernt, offen darüber zu reden, Abschied voneinander zu nehmen und zu trauern.

Manchmal, wenn ich die Familie gut kenne, spreche ich das direkt an – die Reaktionen darauf sind unterschiedlich.

Gerade Angehörigen hilft es oft sehr, wenn sie einfach mal reden können und man auch Dinge durchspricht, wie z. B. was ganz praktisch zu tun ist, wenn der Tod eingetreten ist.

Seit einiger Zeit arbeiten Sie auch in der Hospizbewegung mit. Was sind Ihre Anliegen?

Mein Hauptanliegen bei der Hospizbewegung ist es zu verwirklichen, daß jeder Mensch, wenn er möchte, einen Begleiter auf der letzten Wegstrecke zur Seite hat.

Oftmals sind außenstehende Personen im Sterbeprozeß sehr wichtig. Die Beziehung wächst erst in dieser Lebensphase und ist nicht durch frühere Ereignisse (positiver und negativer Art) belastet. So können oftmals mit einer »fremden Person« noch ganz wichtige Dinge durchgesprochen und aufgearbeitet werden.

Der Hospizdienst soll und kann aber auch die Angehörigen entlasten. Entweder durch Gespräche oder einfach durch die Anwesenheit, so daß Angehörige mal etwas für sich tun können.

Was sind so die letzten Fragen und Gedanken, die uns Menschen an der Lebensgrenze bewegen und erschüttern können?

Sicherlich ist dies sehr individuell, aber sehr häufig habe ich die Erfahrung gemacht, daß Rückblick auf das Gewesene gehalten wird. War es gut so oder würden Entscheidungen heute anders getroffen werden? Wie »spielte das Schicksal einem mit« und kann das angenommen werden?

Meistens sind Beziehungen ganz wichtig, Materielles ist eher unwichtig.

Wenn Beziehungen geklärt werden müssen, kann es zum gegenseitigen Verzeihen kommen. Ich habe es aber auch schon erlebt, daß bewußt und mit viel Liebe Abschied voneinander genommen wurde, was schmerzlich war und doch getragen von einer großen Dankbarkeit für die gemeinsame zurückliegende Zeit.

Sie glauben an Jesus Christus. Gibt es im Gespräch am Krankenbett immer wieder die Möglichkeit, z. B. die Befreiung von Schuld, die Hoffnung auf ein ewiges Leben zur Sprache zu bringen?

Ja, für mich ist der Glaube sehr wichtig, und ohne Jesus Christus als Kraftquelle könnte ich meinen Alltag und Beruf gar nicht meistern.

Ich möchte meinen Glauben aber niemandem überstülpen. Deshalb spreche ich dieses Thema an einem Krankenbett auch nicht an, wenn ich merke, daß Ablehnung diesbezüglich vorhanden ist. Das heißt nicht, daß ich dann nicht für mich im stillen für die entsprechende Person bete.

Meistens wird das Thema aber vom Kranken und / oder von den Angehörigen angesprochen, oder es werden versteckte Andeutungen gemacht. Es liegt z. B. oft die Bibel, ein Gesangbuch, das Losungsbüchlein oder ähnliche Literatur im Zimmer. Wenn ich das sehe, habe ich die Möglichkeit, darüber zu sprechen, etwas vorzulesen, Lieder zu singen, ... und dann ist es auch immer erwünscht.

Die Tiefe und Intensität der Gespräche sind unterschiedlich, auch läßt der Kräftezustand manchmal nur kurze Worte zu.

Kann ein Mensch, der ein Leben lang keinen persönlichen Zugang zu Gott in Jesus Christus gefunden hat, plötzlich – am Ende seines Lebens – noch begreifen, daß Gott ihn lieb hat und ihm ein neues Leben nach dem Tod schenken möchte?

Ich denke, daß es durchaus auch noch in der Sterbestunde möglich ist, zu Gott zu finden. Sein Zuspruch und die Hoffnung auf Vergebung der Sünden werden keinem vorenthalten sein.

Schwester Sabine, Sie sind noch sehr jung. Haben Sie sich schon Gedanken über Ihre letzte Lebensphase gemacht? Haben Sie Angst vor dem Sterben?

Ja, ich habe mir schon viele Gedanken dazu gemacht.

Zum Glück weiß ich nicht, wie und wann es sein wird, aber in Gedanken spiele ich meist drei Möglichkeiten durch:

Erstens: Ein Unfall, der mich jederzeit treffen kann, und bei dem ich sofort tot bin oder das Bewußtsein nicht mehr erlange.

Meine Angst dabei: Hoffentlich ist zu diesem Zeitpunkt alles geklärt, und hoffentlich werden durch mein Verschulden nicht noch andere Menschen verletzt oder gar getötet.

Wenn ich nicht gleich tot wäre, hoffe ich, daß mein Wille, den meine nächsten Angehörigen wissen und den ich auch schriftlich festgelegt habe, nämlich mein Wunsch, daß mein Leben nicht künstlich verlängert wird, respektiert und befolgt wird.

Zweitens: Eine Krankheit, die in absehbarer Zeit zum Tod führt.

Ich hoffe, daß ich dies dann (sicherlich nach Kämpfen mit mir selber) annehmen kann und die Zeit ausreicht, bewußt alles zu regeln und zu ordnen.

Mein großer Wunsch wäre auf alle Fälle, schmerzfrei zu sein.

Angst habe ich zum einen, daß ich und / oder mir nahestehende Personen nicht loslassen können, und zum andern, daß ich mich durch eine solche Krankheit so verändere, daß meine Würde verloren geht oder sie von der Umwelt nicht mehr gesehen wird.

Drittens: Ich werde alt und sterbe »lebenssatt«, wobei ich nicht weiß, ob ich Einschränkungen, die das Alter mit sich bringen kann, so leicht akzeptieren und annehmen würde.

Angst habe ich, daß ich »zu lange leben muß«, dadurch ebenfalls eine lange Leidenszeit habe oder meine Würde verliere.

Für das eigentliche Sterben wünsche ich mir Nähe und Wärme (durch und von Menschen, die ich um mich haben möchte), Ruhe und Würde.

Der Ort des Sterbens ist für mich eher zweitrangig.

Welche Zusage aus der Bibel hat für Sie eine wichtige Bedeutung für gute und schwere Zeiten, im Leben und im Sterben gewonnen?

Es gibt sehr viele Zusagen Gottes für uns Menschen, und ich merke, daß für mich je nach Situation und auch

Lebensphase die eine oder andere Zusage an Bedeutung gewinnt oder wieder etwas zurücksteht.

Für mich immer wichtig sind die vielen Wiederholungen des »Fürchte dich nicht…«. Das beruhigt mich sehr in dieser unruhigen, friedlosen und angstvollen Welt.

Zum zweiten begleitet mich seit meiner Konfirmation mein Denkspruch sehr intensiv: »Gott der Herr ist Sonne und Schild; der Herr gibt Gnade und Ehre. Er wird kein Gutes mangeln lassen den Frommen.« (Psalm 84,12)

Und dann ist im Moment das Buch Hiob für mich sehr wichtig mit zwei Kernaussagen:

»Der Herr hat's gegeben, der Herr hat's genommen; der Name des Herrn sei gelobt!« (Hiob 1,21)

Diese Aussage Hiobs finde ich großartig, und ich hoffe nur, daß ich in allen Schicksalsschlägen, Anfechtungen und Prüfungen diesen Satz nicht vergesse und ihn ebenfalls sagen kann.

Und

»Ich weiß, daß mein Erlöser lebt.« (Hiob 19,25)

Sabine Horn

27.
Wenn betreutes Wohnen notwendig wird

Weil die Lebenserwartung steigt, wächst auch das Risiko, krank und pflegebedürftig zu werden. Zwar werden die meisten pflegebedürftigen Menschen noch zu Hause in ihren Familien betreut, doch ist es trotzdem wichtig, sich rechtzeitig z. B. in der Beratungsstelle des örtlichen Rathauses über das vielfältige Angebot an Hilfsmöglichkeiten zu informieren:

– U. a. ambulante Hilfe, organisierte Nachbarschaftshilfe, Schwestern und Mitarbeiter der Sozialstation bzw. anderer sozialer Verbände,
  mobiler sozialer Dienst (Essen auf Rädern mit Thermofix), Tagesstätten, Altenpflegeheim, Seniorenwohnungen, Seniorenwohnanlagen.
– Das erfordert die Bereitschaft, Hilfe anzunehmen, und sich auch an neue Gesichter zu gewöhnen.
  Für solche Pläne bedarf es des offenen Gesprächs mit dem Ehepartner, den Kindern oder guten Bekannten, um Bitterkeit und Schuldgefühlen keinen Raum zu geben.
– Bei einem Wohnortwechsel sollte man bedenken, daß Wartezeiten z. B. für ein Pflegeheim recht lang sein können.
– Betreutes Wohnen kann unterschiedliche Gestalt annehmen. Es reicht von einfachen Hilfen, Bereitstellung eines Hausmeisters, eines Notrufes bis zur

Pflege, die mit einer stationären Einrichtung vergleichbar sein kann.

– Und wenn man zu Hause bleiben will:
  Wie kann man die Wohnung altersgerecht gestalten, vielleicht auch verkleinern? Stehen ärztliche und pflegerische Dienstleistungen im Bedarfsfall zur Verfügung? Für eine ständige Verbindung nach außen gibt es ein Notrufsystem mit Mikrophon. Dadurch ist man rund um die Uhr mit dem DRK verbunden und hat im Notfall einen Ansprechpartner.
– Bei häuslicher Pflege durch Familienangehörige sind von beiden Seiten Absprachen notwendig. Es muß immer wieder Freiraum bzw. Entlastung für den Pflegenden gewährleistet sein, damit er nicht vorzeitig ans Ende seiner Kräfte kommt.
  Und wenn Spannungen untereinander auftreten, ist es wichtig, sie nicht zu schlucken, sondern voreinander auszusprechen und auszuräumen, um keine unnötigen Kräfte zu vergeuden.
  Das 4. Gebot »Du sollst Vater und Mutter ehren« engt nicht ein, sondern läßt offen – je nach eigenen Umständen – ob man mit seinen Eltern einen herzlichen Kontakt in einem Pflegeheim aufrechterhält und für sie regelmäßig da ist oder sie zu Hause pflegt und betreut.

Gott nimmt nicht immer das Leiden weg, aber er gibt die Kraft, es zu tragen.

Gerdi Stoll

28.
Am Anfang steht die Vergeßlichkeit

Begleitung von altersverwirrten Menschen unter besonderer Berücksichtigung der Alzheimerschen Krankheit.

Sonne, Strand, Meer, Wasserskifahren, landschaftlich beeindruckende Buchten – als 13jährige hatte ich das Glück, meine Ferien bei einer befreundeten Familie in Südfrankreich am Mittelmeer zu verbringen. Dem allem wurde ein jähes Ende gesetzt, und ich mußte mit Angina und hohem Fieber das Bett hüten. Mein ganzer Trost wurden die abwechslungsreichen, humorigen Erzählungen des etwa 75jährigen Großvaters. Da er aus Gesundheitsgründen die Sonne scheute, wurde er mein treuer Begleiter und ich lernte ihn immer besser kennen. Auf diese Weise hat er auch u. a. meine Vorstellung vom Altern geprägt: Körperlich zwar etwas eingeschränkt, dafür aber um so reger im Geist, besonnen, liebevoll, verständnisvoll für alle im Haus, immer ein ruhiger Pol in der Ferien-Großfamilie. Doch eines Tages horchte ich auf, als er ansetzte, mir gegenüber von seiner größten Angst zu sprechen. Ich höre es noch heute in den Ohren: »Weißt Du, ich hoffe und bete, daß ich nicht einmal kindisch werde.« Ich konnte mir damals nicht vorstellen, wie das bei einem so gebildeten Menschen zugehen sollte.

Jahre später, als junge Frau, sollte ich es bei anderen Menschen erleben. Eine gute Bekannte unserer Familie, die in der Nähe wohnte, klagte zunehmend über Gedächtnisstörungen. Ich mußte entdecken, daß manche ihrer Freunde sich zurückzogen. Bei gemeinsamen Spaziergängen bemerkte ich, wie dieser einstmals so fröhliche Mensch immer bedrückter wurde, und ich empfand eine große Hilflosigkeit. Am ehesten konnte ich sie mit meinen Kindern aufmuntern, die damals im Kindergartenalter waren. Da brach dann auch oft wieder der altgewohnte Humor bei ihr durch. Ihre Desorientiertheit nahm jedoch immer mehr zu, und eines Tages wurde mir mit vorgehaltener Hand von einer Freundin berichtet, daß die Diagnose »Alzheimer« sei. Da wir umzogen, verlor ich die Verbindung zu der Bekannten, nicht jedoch zu dieser tückischen Krankheit.

Inzwischen sind unsere Kinder fast erwachsen, und ich kann mich zunehmend seelsorgerlichen Aufgaben widmen. Vor wenigen Jahren wurde ich bei der Begleitung einer etwa 70jährigen Frau immer unsicherer und bat darum, Verbindung mit dem Arzt aufzunehmen. Da hieß es: »Wahrscheinlich ist es Alzheimer, was machen wir jetzt?« Ab da war mir klar, daß ich mit meinen bisherigen Kenntnissen schnell am Ende war. Das führte dazu, daß ich anfing, verschiedenste Kontakte zu knüpfen, und zwar zu pharmazeutischen Firmen, Ärzten, Seelsorgern, pflegenden Angehörigen, Krankenschwestern, einem Pflegeheim, zu einer Selbsthilfegruppe und vor allem zur Deutschen Alzheimer-Gesellschaft.[1] Letztere half mir auch, eine Übersicht über wesentliche und vor allem aktuelle Literatur zu bekommen.

Einige Pfeiler für die Begleitung altersverwirrter Menschen und Alzheimer-Patienten möchte ich hier weitergeben.

Hierzu möchte ich als erstes die umseitig erwähnte Deutsche Alzheimer-Gesellschaft nennen. Seit einiger Zeit gibt sie ein halbjährlich erscheinendes Heft unter dem Titel »Alzheimer Informationen« heraus. Wichtig war für mich auch der Kontakt zu einer Selbsthilfegruppe. Dadurch kam es u. a. zu wesentlichen Telefongesprächen, wo man sich gegenseitig Mut machen konnte, auch mal erfahren konnte, wie andere mit ähnlichen Problemen fertigwurden oder auch scheiterten. In manchen Städten gibt es inzwischen Beratungsstellen, oft den Universitäten angegliedert. Es ist zu beobachten, daß zunehmend die Hemmschwelle sinkt, über Krankheiten zu sprechen, die mit Altersverwirrtheit einhergehen. Ronald Reagan, der noch als 73jähriger Jugendlichkeit für sich gepachtet zu haben schien, sprach, als er das Abnehmen seiner Kräfte und kognitiven Fähigkeiten wahrnahm, vom »Sonnenuntergang« seines Lebens und ließ die Öffentlichkeit wissen, daß er an der Alzheimerschen Krankheit leide. Es ist sein Verdienst, daß er durch dieses »Bekenntnis« dem Leid einen großen Schrecken genommen hat, nämlich: namenlos zu bleiben. Er hat damit Kranken und Pflegenden einen großen Dienst erwiesen.[2] Es ist ja z. B. nicht einfach, wenn der körperlich noch rüstige Vater mitten im Sommer Schnee schippen möchte und einem als erstes einfällt, was da die Nachbarn wohl denken und man ihn am liebsten einsperren würde.

Hier ist die vertrauensvolle Zusammenarbeit mit Krankenschwestern, einem psychotherapeutisch geschulten Seelsorger, dem Hausarzt, Neurologen bzw. Gerontologen, evtl. auch Apotheker und der Krankenkasse im Vordergrund. Gerade die Alzheimersche Krankheit gilt durch ihre pflegeintensive Komponente nach Herzerkrankungen und Krebs als dritteuerste Krankheit. Die Diagnose ist bis heute nur als Ausschlußverfahren möglich, was eine gute Zusammenarbeit aller Beteiligten erfordert. Während wir bei Morbus Alzheimer von Amyloid-Protein-Ablagerungen und gestörten Transmittersynthesen mit Gehirnschwund ausgehen müssen, kommt es bei der Multi-Infarkt-Demenz (MID) zu einer gestörten Gehirnleistung durch kardiovaskuläre Erkrankungen und zahlreiche Mikroinfarkte.[3] Diese beiden genannten Demenztypen sind mit über 90 % die weitaus häufigsten bekannten Formen. Im Gegensatz zu solchen degenerativen Erkrankungen ist die »Pseudodemenz« differentialdiagnostisch zu unterscheiden. Hierbei kommt es zu Gedächtnisstörungen infolge von Depressionen, die auf Psychotherapie bzw. Antidepressiva ansprechen, während man für die ersteren bisher nur Medikamente kennt, die symptomatische Erleichterung und Verzögerung des Krankheitsverlaufs bringen. Die Konsultierung von Ärzten und Krankenschwestern ist sicher besonders wichtig, wenn durch Aggressionen des Patienten Menschen gefährdet werden, oder er und Angehörige unter seiner Unruhe übermäßig leiden und wenn es im späteren Stadium um Hilfen in der praktischen Pflege (z. B. bei Harn- und Stuhlinkontinenz, Wundliegen etc.) geht.

Der Philosoph Dr. Jürgen Mittelstraß befaßt sich mit dem Thema »Jugendwahn und Altersangst« und betrachtet die heutige Entwicklung als ein Zeichen für »eine untergehende Gesellschaft.«

Der »juvenile Rausch« läßt zunehmend die Wertschätzung des alternden, in seinen Kräften abnehmenden Menschen in den Hintergrund treten.[4] Gerade dieser Aspekt muß uns als Christen aufrütteln, da wir hier nicht nur eine private, sondern auch allgemeine Verantwortung in unserer Gesellschaft haben. Das vierte Gebot ist uns nicht mit einer Altersbegrenzung nach oben gegeben. Es spricht davon, daß die Achtung der vorausgegangenen Generation mit einer besonderen Verheißung belegt wird. In unsere heutigen Vorstellungen übertragen könnte man sagen: »Wer Vater und Mutter ehrt, dem wird besonderes Glück zuteil.« Keines der anderen Gebote ist mit solch einem aufmunternden Zuspruch gekoppelt (2. Mose 20,1-17). In einigen der Gespräche mit pflegenden Angehörigen konnte ich etwas von dieser Auswirkung spüren. Neben der Schilderung von dem großen Einsatz und auch der Überforderung durch die Pflege wurde ich immer wieder in Erstaunen versetzt, wenn solche Menschen von einer tiefen Befriedigung sprachen. Angehörige entdeckten durch den Umgang mit einem Alzheimer-Patienten bei sich Kräfte wie Liebe, Humor und Phantasie, die sonst nicht zum Einsatz gekommen wären, berichteten auch immer wieder, daß dies geschehe, obwohl sie dabei oft an ihre natürlichen Grenzen stießen. Deshalb erscheinen mir qualifizierte Anleitung und Austausch als unerläßlich. Naomi Feil hat zwischen 1963 und 1980 die »Validations« (= Anerkennung, Wertschätzung, Akzeptanz der Gefühle der Betroffenen)-Methode entwickelt. Wesentlich erscheint mir, daß sie aus ihrer langen Erfahrung heraus davon abrät, den altersverwirrten Menschen in unsere Realität holen zu wollen; statt dessen rät sie, sich soweit wie möglich in die innere Erlebniswelt des Patienten zu begeben. Dabei spielen Erinnerung, Tradition und Symbole eine große Rolle.[5] Eindrücklich war für mich das Beispiel einer über 80jährigen Primaballerina, die völlig verwahrlost hinter einer mit acht Schlössern verbarrikadierten Tür hauste und jede Nahrungsaufnahme verweigerte. Erst als ihr das Frühstück wie in früheren Ruhmeszeiten hotelmäßig serviert wurde, begann sie, wieder normal zu essen und faßte Vertrauen zu ihrer Umwelt.[6] »Validation« hilft üblicherweise bei allen Formen von Altersdemenz weiter, weniger berechenbar sind Patienten mit Morbus Alzheimer. Diese Patienten reagieren sehr verschieden und ambivalent auf die Methode der »Validation«. Das eine Mal können Erinnerungsvermögen, Gefühle und soziale Beziehungen durchaus positiv verstärkt werden, im nächsten Moment kann der Patient aber sehr aggressiv reagieren oder sich ganz zurückziehen. Hier kann Begleitenden folgende Haltung helfen: Ich verstehe zwar Deine innere Welt nicht, aber ich nehme Dich ernst. Vielleicht ist es für »Deine Weisheit in der Desorientierung« eine Methode des Überlebens. Allgemeiner Rückzug, besonders in die Vergangenheit, auch Aggressivität können als unbewußte Mechanismen verstanden werden, die das Abgleiten in das Stadium des Vegetierens verhindern sollen.

Für weite Bereiche gelten die Erfahrungen, die wir auch sonst in der Seelsorge mit belasteten Menschen haben. Regelhafte Abbauerscheinungen sind erst ab dem 80. Lebensjahr zu erwarten. Ganz anders und meist unberechenbar ist die Entwicklung beim Demenz-Kranken. Bei frühen Anzeichen, wie Gedächtnisstörungen und Desorientiertheit, sollten wir bedenken, daß die Zeit zum Ordnen und Klären u. U. nicht mehr lange ist. Schwerpunkte der Seelsorge können sein: Trösten, evtl. Hilfe zur Orientierung, Beistand zur Sinnfindung, Gewinnung von Zuversicht, Klären und Ordnen von Verhältnissen und Beziehungen, Klärung von Schuld und Schuldgefühlen. Alzheimer-Patienten haben neben sehr verwirrten Stunden immer wieder auch unerwartet helle Tage. Solche sollten genutzt werden, um manches abzuklären. Gut, wenn da alte Verletzungen, Groll und auch Schuld vor Gott bekannt werden und wir als Seelsorger die Vergebung zusprechen können, ehe zunehmende Verwirrung solche Klärung erschwert. Bei Depressionen gelten die Erfahrungen der allgemeinen psychotherapeutischen Intervention, wobei der Zugang zum altersverwirrten Menschen zwar oft erschwert, manchmal aber sogar einfacher ist. Die starke Orientierung auf die Vergangenheit ermöglicht Anknüpfungspunkte an frühere geistliche Erfahrungen, die stimulierend und stabilisierend wirken. Beim Besuch einer über 90-jährigen Frau, von der mir berichtet wurde, daß sie nur noch unzusammenhängende Worte von sich gäbe und jegliche zeitliche und örtliche Orientierung verloren habe, wurde mir das sehr deutlich. Sie war kurz vorher im ganzen Haus umhergeirrt. Nachdem wir sie schließlich auffanden, erkannte sie mich nicht mehr und schaute traurig vor sich hin. Ein Gespräch schien unmöglich. Schließlich fragte ich sie vorsichtig, ob ich beten solle. Da sie nickte, begann ich mit wenigen Sätzen. Als ich eine Pause machte, um mit einem Vaterunser abzuschließen, fiel sie mir ins Wort und betete lang und gut verständlich einen »Lobgesang«, der sich neben dem von Hanna, Maria und Zacharias sehen lassen könnte. Die Erinnerung daran erfüllt mich noch heute. Natürlich sind solche Highlights eine Ausnahme. Üblicherweise ist die Seelsorge von verwirrten Menschen deshalb mühsamer, weil wir uns schwer tun, uns in die Erlebniswelt dieser Kranken einzufühlen. Sie äußern ihre Erwartungen, Nöte und Ängste für uns oft verschlüsselt, ja unwahr. Eine alte Frau klagt etwa, daß sie nicht genug zu essen bekäme, und das direkt nach einem reichlichen Mahl. Es genügt hier nicht, wenn wir bei der Diagnose stehenbleiben: Sie ist eben altersverwirrt. Es geht vielmehr darum, den versteckten Appell zu verstehen, der vielleicht heißen kann: Mir fehlt etwas, z. B. liebevolle Zuwendung, körperliche Nähe. Weder ein Zurechtweisen wegen der unsinnigen Behauptung noch das Bestätigen der Behauptung würden hier weiterhelfen. Bei letzterem wäre die Wertschätzung des Patienten und unsere Echtheit in Gefahr, ein Grundgebot eines jeden Gesprächs. In diesem Fall wäre es eher angebracht, zurückzufragen: »Ich habe den Eindruck, es fehlt Ihnen etwas, können wir da vielleicht mal gemeinsam überlegen?«

Liturgische Formen wie Gottesdienste, auch Abendmahlsfeiern sind für altersverwirrte Menschen von großer Bedeutung. Hierbei werden mit Liedern, Musik, Kerzen, Lesungen (möglichst in altvertrauten Übersetzungen) und einer feierlichen Atmosphäre die verschiedenen Sinne stark angesprochen. Dazu ist es z. B. auch günstig, wenn der Pfarrer im Talar predigt. Vor allem bei Patienten, denen solches alles von Jugend an vertraut ist, werden durch die Erinnerungen Geborgenheits- und Sicherheitsbedürfnisse erfüllt, was die Aufnahmefähigkeit erhöhen kann. Hierbei stehen weniger die rationalen als vielmehr die emotionalen Aspekte im Vordergrund. Die Predigt wird kürzer sein als üblich, wenn möglich mit anschaulichen Elementen und einfachen Symbolen.[7]

Wie können wir sonst noch helfen?

Wo immer wir können, müssen wir Familien helfen, die Pflege zu Hause durchzuführen, weil eben gerade Kranke mit Störungen der Gehirnleistungsfähigkeit sehr abhängig von einer gewohnten Umgebung und von Zuwendung sind.« So antwortet Greta Wehner in einem Interview im März 1993 auf die Frage, warum sie zur Pflege ihres Mannes Herbert bereit war. Wann eine häusliche Pflege nicht mehr tragbar ist, muß sicher im Einzelfall verantwortlich entschieden werden. Frau Wehner wurde auch gefragt, woher sie die Kraft zur Pflege zu Hause nahm, vor allem, als es dem Ende entgegenging. Dazu berichtet sie u. a.: »Ich habe ihm aus der Bibel vorgelesen und mit ihm das Vaterunser gebetet. Und ich muß sagen, dieses ist für mich ein großer Gewinn gewesen«.[8] Wie wichtig die Vertrautheit von

Umgebung und Atmospäre ist, zeigt uns das erwähnte Interview. Dies gilt aber nicht nur für zu Hause, sondern in besonderem Maße, wenn Patienten außerhalb der gewohnten Umgebung untergebracht werden.

Die folgenden Erfahrungen stammen vorwiegend aus Berichten von Tageszentren und Betreuungsgruppen für Demenz-Erkrankte.

a) Wenn eine auswärtige Unterbringung in Betracht gezogen wird, sollte dem neuen Pflegepersonal möglichst ausführliche Informationen über Eigenarten und Vorlieben des Patienten gegeben werden.

b) Anregende Tätigkeiten

Solche haben im Leben dieser Kranken einen hohen Stellenwert, da sie bei depressiven und aggressiven Verstimmungen Erleichterung bringen. Aktivitäten, die alle fünf Sinne anregen, sind besonders geeignet, wenn ein Patient seine zunehmenden Defizite wahrnimmt und ihnen hilflos gegenübersteht. In bezug auf viele Fähigkeiten ist es wichtig zu wissen, daß sie sich nicht etwa in der Reihenfolge zurückentwickeln, in der sie früher erlernt wurden. Die Angebote sollten demnach handlungs- und nicht ergebnisorientiert sein. Sonst kann es leicht zu einer Überforderungssituation kommen, die wiederum gerade in die Traurigkeit führt. »Wie können wir unserer Mutter noch möglichst viele frohe Tage ermöglichen?« so fragte mich einmal die Tochter einer Alzheimer-Patientin. Dieser Gesichtspunkt sollte im Vordergrund stehen und weniger die medizinisch ungeklärte Frage, ob durch Realitätsorientierungs- und Gedächtnistraining ein Abbau verzögerbar ist. Speziell bei Alzheimer-Patienten wird zunehmend der Trainingsgedanke verlassen. Mancher hat jedoch Freude am

Kopfrechnen, Würfeln, an Kreuzworträtseln und Zuordnungsspielen. Diese sind sicherlich so lange zu befürworten, wie sie nicht zu einem entwürdigenden Testen führen. Gerade bei Alzheimer-Patienten ist immer wieder verblüffend festzustellen, daß sie oft über Einzelfähigkeiten verfügen, die in krassem Kontrast zum übrigen Krankheitsbild stehen. Durch die Unterstützung solcher Fähigkeiten können Freude und Zuversicht geweckt werden.

Die Möglichkeit zu ausreichender Bewegung sollte immer wieder bedacht werden. Dabei spielen die Tätigkeiten von früher eine große Rolle. Eine Patientin lebte immer wieder auf und verlor ihre innere Unruhe, wenn sie auf ihrem Stückle hacken und graben konnte. Ballspielen mit Luftballons oder Schaumstoffbällen, mit denen man sich nicht verletzen kann, ist besonders für Tageszentren ein wesentliches Angebot.

»Musik ist der Königsweg zu den Alzheimerkranken«, so faßte einmal eine Betreuerin ihre Erfahrung zusammen. Angehörige kennen häufig besondere Vorlieben von früher: Choräle, Operettenmusik, Volkslieder oder auch Marschmusik. Unvergessen bleiben mir die Besuche bei einer Frau, die nach einem Schlaganfall gar nicht mehr sprechen konnte. Von der Tochter erfuhr ich dann die Lieblingschoräle, und als ich anfing, »Befiehl Du Deine Wege« anzustimmen, fiel die über 80-jährige ein und sang mit mir alle Strophen so deutlich, daß ich nicht aus dem Staunen herauskam. Ab da waren die Lieder unser Hauptkommunikationsmittel. Auch der Geruchssinn ist noch sehr lange ansprechbar. Eine erfahrene Krankenschwester riet mir, meine todkranke Mutter mit der wohlriechenden Antifaltencreme, die sie früher geschätzt hatte, ausgiebig einzucremen. Die Falten waren jetzt nicht mehr das Thema, aber auf die körperliche Nähe und Wärme, das Streicheln, die Kreisbewegungen und den vertrauten Geruch reagierte sie mit sichtlichem Wohlbehagen.

c) Umgang mit der Zeit

Jedes Drängeln, jedes Anhalten zur Eile führt schnell an die Grenzen des Leistungsvermögens unserer Kranken. Zeit ist für sie häufig kein Maß mehr, das bei der Regelung des Tagesablaufs helfen könnte. Da sie beim vergeblichen Versuch, einen Zeitplan einzuhalten, oft ihre Schwäche noch erahnen, kann es mit ungeduldigen Betreuern besonders leicht zu aggressivem Verhalten kommen.

d) Rituale

Während Zeitdruck oft Unsicherheitsgefühle verursacht, sind wiederkehrende Rituale wichtige Orientierungspunkte, die Geborgenheit vermitteln. Besonders wichtig erscheint mir dieser Aspekt in Situationen, die Aggressionen auslösen können, z. B. bei Maßnahmen der Hygiene, die häufig auf Widerstand stoßen. So wird der Toilettengang oder der Wechsel von Inkontinenzeinlagen erleichtert, wenn beides von Singen oder anderen angenehmen, wohlbekannten Riten begleitet wird.

e) Besonders schwierige Situationen

Altersverwirrte Menschen befinden sich subjektiv häufig in der Kindheit oder dem frühen Erwachsenenalter. In kritischen Situationen ist es besonders wichtig zu wissen, aus welcher Perspektive sie im Augenblick ihre Lebenssituation sehen. Konflikte entstehen häufig, wenn solche »private Logik« mit den Bedürfnissen von gesunden Menschen zusammenprallt. Oft ist es hilfreich, in die Rolle der Kranken zu schlüpfen und aus ihrer Warte zu reagieren. Ablenken ist meist besser als argumentieren, was üblicherweise überfordert. Ein Beispiel: Frau T. ist nicht dazu zu bewegen, ihr Tischabwischen zu unterbrechen, dabei soll das Essen aufgetragen werden. Auch Argumente wie »das Essen wird kalt« fruchten nichts. Als jemand laut sagt, daß auch der Tisch in der Küche abgewischt werden sollte, geht Frau T. mit, wischt dort weiter, während der Tisch gedeckt werden kann.[9]

Die pflegenden Angehörigen

Lange Zeit habe ich eine Alzheimer-Patientin seelsorgerlich begleitet. Heute sehe ich meine Aufgabe darin, den Kontakt zu der Tochter zu halten, die einen großen Teil der Pflege übernommen hat. Dabei geht es natürlich zunächst einmal darum, Zeit zu haben, um Sorgen und Nöte anzuhören. Immer wieder kommt mir dabei der Spruch vom »36-Stunden-Tag« in den Sinn. Es ist für sie nicht leicht, noch ihr eigenes Privatleben zu organisieren, und es kam auch schon mal der Gedanke auf, ob durch die Pflege nicht auch die eigene Ehe in Gefahr kommt. Um so wichtiger wurde die Überlegung, nach zusätzlicher Hilfe zu suchen. Die fand sie zunächst in einer Tagespflege. Wir erkannten, daß es wichtig war, sich hier rechtzeitig zu bemühen, solange die Mutter noch anpassungsfähig genug war. Im Augenblick sind wir dabei, eine Entlastung auch für zu Hause zu finden. Leicht möchten sich hier Schuldgefühle einstellen, aber es ist wichtig, realistisch zu erkennen, daß Angehörige dem Kranken nur wirklich Gutes tun, wenn sie auch die eigene Gesundheit im Auge haben. Hier ist auch die christliche Gemeinde gefragt.

Pflegende Angehörige brauchen selbst Zuwendung und Verständnis. Da geht es unter anderem auch um die Frage: Wie gehe ich selbst mit der Angst vor dem eigenen Alter um? Die Zuwendung zu diesen Menschen und die Beschäftigung mit ihren Problemen und Bedürfnissen hat in mir einiges in Bewegung gebracht. Dabei ist der Gedanke ans Altwerden realistischer und erstaunlicherweise angstärmer geworden. Dafür bin ich recht dankbar.

Maria E. Kalchreuter

[1] Deutsche Alzheimer-Gesellschaft e.V., 70174 Stuttgart, Büchsenstr. 34-36.
[2] Arnd Bäucker in: Schorndorfer Zeitung, 31.3.95.
[3] Insa Heyde in: PTA Heute 4 (1990) S. 280-282 und Dennis J. Selkoe in: Spektrum der Wissenschaft, 1 (1992) S. 56-65.
[4] Pharmazeutische Zeitung, 4, 26.1.1995, S. 35-36.
[5] Max Gander in: Alzheimer Informationen, 3, (1994) S. 17-19 und Cora van der Kooij, 1993, S. 79 ff.
[6] Sabine Tschainer in: Alzheimer Informationen, 2 (1994) S. 20.
[7] Klaus Depping, Altersverwirrte Menschen seelsorgerlich begleiten – Hintergründe, Zugänge, Begegnungsebenen (Bd. 1) Lutherisches Verlagshaus (1993).
[8] Uwe Walter, »Ich tue, was nötig ist«, Interview mit Greta Wehner in: Alzheimer Informationen, 2 (1994) S. 7-10.
[9] Bettina Rath in: Alzheimer Informationen, 3 (1994) S. 9-17.

29.
Ich trauerte, bevor sie starb

Als ich das Pflegeheim verließ, war ich unerklärlich traurig, unerklärlich deshalb, weil es doch nur ein spaßiger Ausrutscher war, als meine 92jährige Mutter mich und meinen Mann so begrüßt hatte: »Ach, wie schön, da kommen ja meine Schwester und ihr Sohn!« Wir reagierten belustigt empört und korrigierten sie liebevoll. Es tat mir fast weh zu sehen, wie sie sich ihres Irrtums wegen schämte und sich mit einem beschwichtigenden Scherzwort entschuldigte: »Da seht ihr, so ist der alte Mensch, nichts als Grütze im Kopf!« Über diese originelle Formulierung mußten wir wieder lachen, und Omi lachte herzlich mit. Nun war alles wieder im Lot. Wirklich? Ich verstand nicht, warum mich von da an eine seltsame Traurigkeit beim Gedanken an meine Mutter begleitete. Damals war mir noch nicht klar, daß mit dieser Traurigkeit meine Trauer um den Verlust meiner Mutter begonnen hatte. Diese Trauerzeit sollte zwei Jahre dauern und mit ihrem Tod enden, eine Trauer vor dem Tod.

Unsere innige Beziehung bekam Risse

Bei einem meiner nächsten Besuche im Pflegeheim bekam diese Trauer neue Nahrung. Ich hatte ein paar alte Kinderfotos von mir mitgebracht, die ich meiner Mutter voller Erwartung vorlegte: »Weißt du noch, wann und wo diese Aufnahmen entstanden sind?« »Nein, Kindchen, ich erinnere mich nicht«, bekam ich zu hören, eine Antwort, die ich wegen ihrer stereotypen Wiederholungen zu fürchten lernen sollte. »Bitte, versuche doch, dich zu erinnern, es ist mir so wichtig.« – »Ich erinnere mich nicht.« »Erkennst du denn wenigstens unser Haus in der alten Heimat?« »Ich erinnere mich nicht.« Ich verstand meine Mutter nicht mehr, hatte sie doch Zeit ihres langen Lebens nichts lieber getan, als in der Vergangenheit zu schwelgen und immer wieder aus der Zeit im Baltikum zu erzählen. Und nun ...? Ich meinte sogar, eine versteckte Abwehr vor eventuellen unangenehmen Erinnerungen herauszuhören, ja mangelnde Kooperation. Aber sogleich schämte ich mich dieser Gedanken und tat im stillen Abbitte.

Es tat mir sehr weh wahrzunehmen, daß unsere so innige Beziehung feine und doch spürbare Risse und Brüche bekam: Die gemeinsamen Erinnerungen trugen nicht mehr, dieser Teil, den ich unbedingt festhalten wollte, schwand dahin.

Und nun hatte ich Mühe, die mir so vertraute Mutter mit den gütigen Augen, den sanften Händen, dem aufblitzenden Humor und dem Sinn für Situationskomik mit der alten Frau zusammenzubringen, mit der ich einen wichtigen Teil meines Lebens, meine Kindheit und Jugend, nicht mehr teilen konnte.

Die mir so nahe Person wurde beklemmend fremd, sie rückte in eine mir unerreichbare Ferne ...

Vor dem Tod die Mutter verloren

Eine weitere Verlusterfahrung widerfuhr mir, als ich feststellen mußte, daß ihr uneingeschränkt liebenswürdiges Interesse keinen Unterschied zwischen mir und ihren drei Zimmergenossinen machte. Manches Mal sprachen wir mehr mit den alten Damen und über deren Angelegenheiten als über Themen, die nur meine Mutter und mich betrafen. Einmal bat sie mich, sie mit dem Rollstuhl in den Tagesraum zu fahren, wo eine nette Bekannte auf sie warten würde. Ich machte ihr Vorhaltungen: »Laß uns doch für uns allein bleiben, ich bin nur wenige Stunden hier.« Sie beeilte sich, mir gleich zuzustimmen, fügte dann aber hinzu: »Aber wir könnten uns doch auch zu dritt sehr nett unterhalten ...?«

Nach diesem Besuch weinte ich. »Ich habe meine Mutter verloren«, sagte ich, wenn ich nach ihrem Ergehen gefragt wurde, »ich finde sie nicht mehr ...«

Nun traf es mich nicht mehr so hart, als ich entdeckte, daß meine Mutter die Orientierung für die Zeit und jedes Datum verlor. Hatte ich es erst als einen Scherz aufgefaßt, daß sie an ihrem 92. Geburtstag ihren Jahrgang (18)98! mit ihrem Alter verwechselte und sich stolz sechs Jahre älter machte, so registrierte ich doch traurig, daß ihr »gestern« wie »heute« und »heute« wie »gestern« galt, die Zeitabstände Vergangenheit und Gegenwart verschwammen, es gab nur das punktuelle Jetzt und Hier, und auch das nur sehr vage.

»Einen ganzen Monat habe ich dich nicht mehr gesehen«, begrüßte ich sie nach einer längeren Urlaubsreise.« »Aber gestern warst du doch bei mir, ich erinnere mich noch ganz genau«. Ich beließ sie bei ihrem Glauben, auch wenn mir ihre Feststellung ins Herz schnitt.

Meistens, wenn ich schon beim Abschied an der Tür ihr noch einmal lächelnd zuwinkte, rief sie mir noch ein

»Komm bald wieder« nach, aber niemals hörte ich ein Bedauern, daß die Zeitabstände zwischen dem Wiedersehen zu lang waren.

Jeder Besuch ein kleiner Abschied

In den letzten Monaten vor ihrem Tod sprach meine Mutter zunehmend und auffällig unpersönlich von sich, wenn sie sich selbst meinte. »Man fühlt sich gar nicht mehr wohl, will nur im Bett bleiben, man wird immer schwächer. Was ist das Altwerden für einen doch hart ...«

Ich mußte meine Tränen zurückhalten, so schwer fiel mir dieser Verlust ihrer letzten Identität. »Ja, liebe Mami, ich glaube dir, Altwerden ist bitter.« »Ja, Altwerden ist bitter«, echote sie.

Bei jedem Abschied nahm ich sie jetzt bewußt in den Blick, um mir klarzumachen, daß es vielleicht das letzte Mal sein konnte; sie schien gleichsam zu verlöschen, langsam, aber unaufhaltsam.

Das letzte Mal, als ich sie lebend sah, lag sie schlafend im Bett, ganz klein, ihr Gesicht war sehr blaß und sehr spitz geworden; sie sah schon so anders aus, ihr Atem ging flach und sehr mühsam. Ich strich ihr leise über die Hand.

Da öffnete sie ihre Augen, und ein klares Erkennen blitzte darin auf. »Wie schön, daß du bei mir bist, Kindchen. Ich bin so unendlich müde.«

Und ihre Augen schlossen sich wieder. Ich ließ meine Tränen laufen. Es ist gut, dachte ich, schlafe ruhig bis zu dem Morgen, der für dich Ewigkeit heißt.

Und ich verabschiedete mich von ihr mit einem Handkuß, wie ich es seit meinen Kindertagen getan hatte – das allerletzte Mal, aber das wußte ich damals noch nicht:

»Danke, liebste Mutter, für alle deine Liebe und Güte, danke, daß es dich gab.«

Jetzt war es soweit, jetzt war ich soweit, ich gab sie innerlich frei …

Als ich die Nachricht von ihrem friedlichen Tod erfuhr, weinte ich ein letztes Mal. Meine Trauerzeit war zu Ende gegangen.

Ivy Lohff

Und Gott wird abwischen
alle Tränen von ihren Augen,
und der Tod wird nicht mehr sein,
noch Leid noch Geschrei
noch Schmerz wird mehr sein;
denn das Erste ist vergangen …
Siehe, ich mache alles neu!

(Offenbarung 21,4+5 a)

30.
Eine quälende Frage

»Wir sind in diese Welt gekommen, wir wissen nicht wie. Wir werden einst von dieser Welt genommen und wissen nicht, wann. Und niemals verläßt uns die Frage: Was kommt dann, – am Ende, nach dem Ende der Tage? Wir sagen wohl: Es kommt gar nichts, es ist nichts dahinter, und machen es uns so leicht. Aber was ist damit erreicht? …
Wir werden die Frage nicht los, die quälende, schwere: Wenn aber doch etwas dahinter wäre?« (O. Loy)

Trotzdem wird gerade diese Frage ständig verdrängt. Warum eigentlich? Vielleicht, weil wir unser Ende als den Abbruch aller Beziehungen fürchten und die uns von Gott gesetzte absolute Grenze nicht anerkennen wollen? Oder weil wir Angst haben, ganz zuletzt, ob wir wollen oder nicht, allein auf uns gestellt und ohne alles in die Dunkelheit abgeschoben zu werden, aus der es kein Zurück mehr gibt?

Worin aber wollen wir dann den Sinn unseres Lebens suchen und den Trost im Sterben finden? – Das Leben kann doch nur zusammen mit dem Sterben einen Sinn ergeben und Trost ist doch nur zu gewinnen, wenn wir eine tragfähige Antwort auf die letzte Frage gefunden haben!

»Wir werden die Frage nicht los.« – Darum ist es nicht verwunderlich, daß sich an diesem Punkt eine verwirrende Fülle von Spekulationen und Phantasien über Tod und Ewigkeit einstellt. Der Tod wird verdrängt, verharmlost oder vergötzt, die Ewigkeit geleugnet oder verdiesseitigt. Am Ende aber steht lauter notvolle Ungewißheit. Darüber können auch die Behauptungen einer sogenannten »Sterbeforschung« nicht hinweghelfen, denn die »Nah-Tod-Erlebnisse« spielen sich immer noch im Diesseits ab. Niemand ist wirklich von jenseits der Mauer des Todes zurückgekehrt.

»Wir werden die Frage nicht los.« – Nur, an wen stellen wir sie und woher erwarten wir die Antwort? Wir brauchen das Wort, das wir uns selbst nicht sagen können. Der Tod aber hat es nicht, denn er ist stumm und läßt verstummen. Die einzig zuverlässige Antwort muß von drüben, von der Ewigkeit her kommen, von dem Herrn über Leben und Tod.

An Gott glauben heißt, sich die Antwort auf die letzte Frage durch sein Wort geben zu lassen. Dieses Wort aber verdichtet sich in der Menschwerdung, Kreuzigung und Auferstehung Jesu Christi.

Ein einziger ist aus der Ewigkeit zu uns gekommen. Durch ihn haben wir die Wahrheit erfahren über Himmel und Erde, Gott und Mensch, Tod und Leben. Viel mehr noch: Er hat unser Leben auf diesem Todesplaneten unter unseren Bedingungen durchlitten. Unsere Schuld vor Gott hat er ans Kreuz geschleppt und mit seinem Blut gesühnt.

Aber das ist nicht alles. Gott hat ihn aus dem Reich der Toten herausgeholt und zum Sieger über den Tod gemacht. Er hat den Tod nicht nur hinter sich, sondern unter sich. Von da an sind die Toten nicht mehr Gefangene des Todes, sondern gehören dem Herrn des

Lebens. Unsere Zukunft in alle Ewigkeit hängt allein an Jesus Christus.

Mit dieser Antwort kann ich in meiner schweren Krankheit leben, mitten in der Welt des Todes, wirklich leben aus den Kräften der Ewigkeit, vom Ziel her und auf das Ziel hin. Christen sind Liebhaber des Lebens, auch des irdischen, weil sie um das ewige wissen, das mit dem auferstandenen Christus schon verborgen gegenwärtig ist. Das macht das Dasein hier reich und schön.

Mit dieser Antwort kann ich sterben, auch wenn es durch Anfechtungen und Ängste gehen muß. Er ist da und er ist mir nah. Der für mich gestorben ist, geht mit mir in mein Sterben und läßt mich im finstern Tal des Todes nicht allein. Meine Tage sind gezählt, aber meine Zeit, – vielmehr noch: meine Ewigkeit – steht in seinen Händen.

Erhard Böttcher

*Der Tod ist Teil des Lebens;
doch nicht als Schlußpunkt,
sondern als Doppelpunkt:
und damit als Auftakt
des ewigen Lebens.*

Walter Wanner

*Nehmen Sie in christlicher Hoffnung
den Tod an!
Verstecken Sie sich nicht vor ihm!
Das richtige Verhältnis zum Sterben
zu gewinnen, ist eine dauernde
Aufgabe für den Christen.
Wenn man alt ist, muß man sterben,
wenn man jung ist, kann man
sterben.*

Kardinal Joseph Höffner

31. Gedanken über den Tod

Ein älterer Mann, Mitte siebzig, ist verstorben. Beim Trauergespräch sitze ich der Witwe gegenüber. Ich bin noch nicht lange als Pastor in der Gemeinde und habe ihren Mann nicht gekannt. Sie erzählt, daß ihr Mann schon bald zwanzig Jahre lang immer wieder an der Grenze des Todes gestanden hat. Jedes Jahr ist er im Krankenhaus gewesen, hatte unter anderem einen Schlaganfall, einen längeren Herzstillstand. Ob sie mit ihrem Mann angesichts dieser Erfahrungen über den Tod gesprochen hat, frage ich die Witwe. Nein. Nie. – Seltsam, denke ich. So oft schon wurde der Verstorbene und dadurch auch die Frau mit dem Tod konfrontiert, so oft schon stand er an der Schwelle des Todes – aber gesprochen wurde darüber nie.

Diese Erfahrung eines Trauergespräches ist kein Einzelfall, keine Ausnahme, sondern vielmehr die Regel. Die Frage nach dem Tod wird verdrängt, beiseite geschoben, übergangen. Woher sollten wir auch eine Antwort auf diese Frage bekommen? Wer kann uns sagen, was nach dem Tode kommt? Die Bibel schweigt dazu nicht. In ihr finden wir Zeugnisse über das Sterben, den Tod und die Hoffnung, die wir über den Tod hinaus haben können.

Bei meiner persönlichen Auseinandersetzung mit dem Tod – auch meinem eigenen Tod – sind mir folgende Überlegungen wichtig und hilfreich geworden:

Ein Wort Jesu aus dem Johannesevangelium steht mir besonders vor Augen: »Ich bin die Auferstehung und das Leben. Wer an mich glaubt, der wird leben, auch wenn er stirbt; und wer da lebt und glaubt an mich, der wird nimmermehr sterben« (Johannes 11,25 f).

Daraus höre ich die Zusage: Der Tod ist nicht das Letzte und hat auch nicht das letzte Wort. Jesus ist der Herr über Leben und Tod, er ist der Lebendige. Er hat den Tod in seinem Sterben am Kreuz und der Auferstehung am Ostersonntag besiegt, überwunden. Der Tod wird ja in der Bibel nicht einfach als das natürliche Ende des Lebens oder sogar als ein Freund des Menschen verstanden, sondern als der letzte Feind, den Jesus besiegt hat. Jedesmal, wenn ich an einem Sarg stehe, wird mir das Unnatürliche und Feindliche des Todes bewußt: er bringt für die Hinterbliebenen Schmerzen, Trauer, Leid. Er zerreißt menschliche Verbindungen. Wie trostlos wäre das, wenn Jesus nicht an meiner Seite wäre, der den Tod besiegt hat – auch gegen alle sichtbare Wirklichkeit.

Jesus sagt zu, daß derjenige, der an ihn glaubt, der ihm sein Leben anvertraut, das ewige Leben hat und nimmermehr sterben wird. Wenn das stimmt, dann beginnt also das ewige Leben nicht erst nach dem Sterben, sondern schon jetzt und hier. Dann habe ich schon jetzt, wenn ich mich ihm ganz anvertraue, das ewige Leben. Das kann auch durch den Tod nicht zerstört werden. Ich verlasse mich darauf: Der Tod macht zwar meinem irdischen Leib und Leben ein Ende, aber ich werde dadurch nicht ausgelöscht, sondern darf in Ewigkeit leben, mit Jesus zusammensein. Darüber vergesse und verschweige ich nicht die Kehrseite dieser Wirklichkeit:

Wer nicht an Jesus glaubt, hat das ewige Leben nicht. Auch der Ungläubige wird im Tod nicht ausgelöscht, sondern er wartet auf das Gericht und die Verdammnis. Um so dringlicher ergeht Jesu Ruf, ihm das eigene Leben zu übergeben, um bei ihm das ewige Leben zu finden.

Jesus als der Lebendige, der mir schon hier das ewige Leben schenkt, führt mich an seiner Hand hier im Leben und auch im Sterben und im Tod. Das gibt mir Trost und Geborgenheit. Er hält und trägt mich jetzt, in der Zukunft und auch im Sterben. Ich sterbe nicht allein und gehe auch über die Grenze des Todes nicht allein. Jesus, der lebendige Herr über Leben und Tod, ist bei mir, ist an meiner Seite auch dann, wenn alle menschlichen Hände mich loslassen müssen.

In der Gewißheit, daß Jesus bei mir ist und mich durchträgt, habe ich Mut, über den Tod nachzudenken und über ihn zu reden. Das macht mir auch Mut, mit Sterbenden über das zu sprechen, was kommt. Was wäre unbarmherziger, als Sterbende mit dem Tod und ihren – auch unausgesprochenen – Fragen allein zu lassen? Jesus schenkt Hoffnung, die über den Tod hinausreicht.

Ralph Meier

Warum wird man im Alter fromm?
Im Winter sucht man die Sonne.
(Cornelius August Wilkens)

Ich habe mir schon sehr früh klargemacht, daß die wichtigste Stunde im Leben die Stunde des Todes ist. Sechzig ist ein schöner Geburtstag, vielleicht der schönste: Da steht man noch voll im Saft und schaut doch schon auf seine Lebensleistung zurück.
Und mit siebzig?
Mit siebzig kommt dann unweigerlich der Blick in die Abendsonne ... Ich habe immer gefunden, daß wir Menschen einen kapitalen Fehler machen, wenn wir den Gedanken an den Tod verdrängen, wie es heute leider in der westlichen Welt gang und gäbe ist.

Ernst Albrecht, Ministerpräsident
(Wort zum Mittwoch, idea 1990)

32.
Das besondere Vermächtnis

Wir begegneten uns bei einer Großveranstaltung. Sie war sechzig Jahre alt und strahlte aus tiefstem Herzen heraus. Wir kamen miteinander ins Gespräch, und sie erzählte mir ihre Geschichte, wie sie zur Lebensfreude fand.

Es waren schon einige Jahre vergangen, als ihre Mutter hochbetagt starb. Sie hatte nur eine Tochter und diese lag ihr sehr am Herzen. Ihr größter Lebenswunsch blieb seither unerfüllt, daß ihre Tochter noch zu Lebzeiten Gott vertrauen und an ihn glauben könnte. Doch die Mutter gab ihre Hoffnung nicht auf und betete regelmäßig für sie.

Eines Tages entschied sie sich, ihrer Tochter einen Brief zu schreiben. Den sollte sie jedoch erst nach dem Tod ihrer Mutter öffnen.

Die betagte Frau schrieb:

»Liebes Kind, dieser Brief ist mein Vermächtnis an Dich. Wenn ich einmal vor Gott stehe und er mich fragt: ›Wo ist deine Tochter?‹, dann möchte ich so gerne sagen: ›Ja, ich bringe sie dir mit.‹

Dies ist und bleibt mein Herzenswunsch. Gott segne Dich!

Deine Mutter«

Die Mutter nahm ihren unerfüllten Wunsch mit ins Grab. Nach ihrer Beerdigung öffnete die Tochter den

Brief. Sie las. Sie war bewegt. Die Worte ließen ihr keine Ruhe mehr. Und sie wagte den mutigen Schritt, beim Lesen der Bibel und in der Gemeinschaft von Christen, Gott immer besser kennenzulernen.

»Ich bin so froh«, sagte sie während des Gesprächs zu mir, »daß ich in meinem Alter noch ein Kind Gottes werden konnte. Ich habe mein Leben ganz neu entdeckt. Und jetzt weiß ich auch, welchen Sinn und welches Ziel es hat. Das macht mich richtig fröhlich.«

Gerdi Stoll

*Unser Herz ist unruhig in uns –
bis daß es ruht, o Gott, in dir.*

Augustinus

33.
Frieden

Herr, weil mich festhält
deine starke Hand,
vertrau ich still.
Weil du voll Liebe
dich zu mir gewandt,
vertrau ich still.
Du machst mich stark,
du gibst mir frohen Mut,
ich preise dich;
dein Wille, Herr, ist gut.

Ist auch die Zukunft
meinem Blick verhüllt,
vertrau ich still.
Seitdem ich weiß,
daß sich dein Plan erfüllt,
vertrau ich still.
Seh ich nicht mehr
als nur den nächsten Schritt,
mir ist's genug!
Mein Herr geht selber mit.

Diakonissenmutterhaus Aidlingen

34.
Bilanz eines Lebens

Angstbesetzt war die Schwangerschaft,
als Baby bereits in Lebensgefahr
– doch von Gott bewahrt und gerettet.

Aus politischen Gründen von der Familie getrennt,
unter außergewöhnlichen Umständen
die Kindheits- und Jugendjahre verbracht.
– dennoch von Gott nicht verlassen.

Es folgt eine Aufgabe,
ein Auftrag von ungeheurer Reichweite
– dazu von Gott erwählt.

Angst und Sorge machen sich breit.
Selbstzweifel blockieren Bereitschaft und Willen.
– Da ermutigt Gott und baut auf.

Es beginnt ein Weg der Herausforderung
und des Angefochtenseins.
– Gott hält mit aus und weist den Weg.

Im Alter fast den Lebensauftrag erfüllt.
In einer Krise jedoch in tiefe Schuld verstrickt.
– Gott nimmt den ernst und löst heraus,
den anfangs er berufen hat.

Bilanz eines Lebens:
Höhen und Tiefen
Bewahrung und Herausforderung
Verzicht und Erfüllung.
In allem die Erfahrung:
Gott ist heilig, Gott ist treu,
Gott ist barmherzig, Gott ist vollkommen.
Gott hält menschliche Unvollkommenheiten aus.
Er schreibt auf krummen Wegen gerade.
Er vollendet, wo der Mensch gescheitert ist.

Dieser Mensch war Mose.
Mit Gott konnte er im Frieden sterben.
(nachzuschlagen in den Mosebüchern des Alten
Testaments)

Gerdi Stoll

35.
Mein Lebensbild

Diese Geschichte hat mir vor vielen Jahren ein alter italienischer Maler erzählt: »Ich habe einmal ein Bild gemalt«, so berichtete er mir: »Müde und abgespannt habe ich davorgesessen und es betrachtet. Aber nichts regte sich in mir. Das Bild war tot, war ohne sprühende Lebendigkeit. Enttäuscht und niedergeschlagen ging ich zu Bett.

Spät am Abend kam dann mein Sohn, der – ebenfalls ein Maler – mein neues Werk begutachten wollte. Auf den ersten Blick erkannte er, was in diesem Bild fehlte. Er nahm also die Palette in die Hand und arbeitete bis tief in die Nacht an dem Bild: setzte hier einen kleinen Tupfer, dort einen zarten Strich, hellte es an dieser Stelle auf und setzte dort einen Schatten. So arbeitete er an dem Bild, bis es genau so aussah, wie ich es mir vorgestellt hatte. Am nächsten Morgen kam ich dann in mein Atelier. Staunend zunächst, dann überglücklich vor Freude stand ich vor dem – vermeintlich mißratenen – Bild. Wie hatte ich nur so an mir zweifeln können! Das Bild war schön, vollkommen schön!«

Nun, eines Tages steht jeder von uns vor dem Bild seines Lebens. Wird dieses Bild dann so aussehen, wie es sich Gott, der Vater, vorgestellt hat? Sicherlich nicht, wenn Gott das betrachtet, was wir selbst zustandegebracht haben. Aber da hat noch jemand daran gearbeitet. Gott, der Vater, wird die Pinselstriche sehen, die Jesus,

Gottes Sohn, dort voller Liebe und Mitleid anbrachte und die all die häßlichen Kleckse und Flecken unseres Lebensbildes in ein Bild von vollendeter Schönheit verwandeln; in ein Bild, das in allem der Vorstellung des Vaters entspricht: vollkommen und schön.

36.
ABC des Loslassens

Jugend, Schönheit, Fitneß,
Kräfte, Energie, gesundheitliche Stabilität,
körperliche und geistige Leistungsfähigkeit,
Arbeit und Beruf,
liebgewordene Menschen, z. B. Kinder, Ehepartner, Freunde,
aber auch ungute Gewohnheiten, unrealistische Vorstellungen,
Erinnerungen an Gutes und Unangenehmes,
Zeiten der Freude und des Schmerzes,
Zeiten der Fülle und des Verzichts,
Zeiten der Harmonie und des Unverstandenseins,
ja und noch vieles mehr, was in mir noch verborgen ruht,
will einmal losgelassen werden von mir.
Das erfordert Einübung zur richtigen Zeit,
damit ich mich auf das Wesentliche meines Lebens konzentrieren kann.
JA, ich will.
Weil es einen gibt, der mich nicht losläßt,
Jesus Christus.
Das schenkt mir auch im Alter Mut, JA zu sagen
zu meinen Möglichkeiten und zu meiner Kraft,
zu einem Weg, der jetzt noch im dunkeln vor mir liegt,
auf dem ich aber nicht alleine gehen muß,
weil einer mit mir gehen will,
Jesus Christus.

Deshalb will ich nicht nur bereit sein, loszulassen. Ich will mich immer wieder neu an ihm festhalten und ihm vertrauen.

Jesus Christus spricht:
Ich bin der Weg und die Wahrheit und das Leben;
niemand kommt zum Vater denn durch mich.
Johannes 14,6

Gerdi Stoll

37.
Trostlied

Ja, ich will euch tragen
bis zum Alter hin.
Und ihr sollt einst sagen,
daß ich gnädig bin.

Ihr sollt nicht ergrauen
ohne daß ich's weiß,
müßt dem Vater trauen,
Kinder sein als Greis.

Ist mein Wort gegeben,
will ich es auch tun,
will euch milde heben:
ihr dürft stille ruhn.

Stets will ich euch tragen
recht nach Retterart.
Wer sah mich versagen,
wo gebetet ward?

Denkt der vorigen Zeiten,
wie, der Väter Schar
voller Huld zu leiten,
ich am Werke war.

Denkt der früh'ren Jahre,
wie auf eurem Pfad
euch das Wunderbare
immer noch genaht.

Laßt nun euer Fragen.
Hilfe ist genug.
Ja, ich will euch tragen,
wie ich immer trug.

Jochen Klepper